Stefanie Werger
Bevor du den Löffel abgibst,
steck' ihn in den Mund!

Stefanie Werger

Bevor du den Löffel abgibst, steck´ ihn in den Mund

WERGER VERLAG

1. Auflage
1.–10. Tsd.

ISBN 3-9500103-2-7

© Stefanie Werger
c/o Peter Fröstl, Hietzinger Hauptstraße 36a,
A-1130 Wien
Alle Rechte vorbehalten
Verlegt im Eigenverlag

Druck: Wiener Verlag, Himberg
Datenkonvertierung: Laudenbach, Wien
Umschlaggestaltung: Thor. Büro Wien
Fotos: Bernd Enzlmüller
Lektorat: Dr. Michaela Baumgartner, Gisela M. Gary

Inhaltsverzeichnis

Appetithappen 7

Das „pralle" Leben 9

Die Hauben-Diät 13

Die Morgen-Diät 21

Ouvertüre für ein besseres Jahr 25

Kühlschrankinventur 31

Die Heute-Diät 37

Die „Werger-Diät" 43

Im Kurhotel 67

Lust auf Liebe 83

Liebe ist mollig
(Aus dem Album „Die 9te") 93

Die Geißel der Versuchung 95

. . . bis ans Messer 103

„Schwere" Karriere 113

Es ruhe der Sport! 123

Die Aufbaudiät 131

. . . und wieder am Anfang 139

Menüvorschläge zur „Werger-Diät" 147

Nachschlag 163

Appetithappen

Dieses Buch möchte ich nicht als „Diätbuch" bezeichnet wissen, auch wenn vom Zu- und Abnehmen die Rede sein wird. Die Titel solcher Bücher versprechen meist mehr als deren Inhalt, der oft von mageren Doktoren und wissenschaftlich agierenden Diätpäpsten verfaßt wird. Ihr Wissen mag unbestritten bleiben, doch scheinen sie wenig Ahnung davon zu haben, was es tatsächlich heißt, dick zu sein. Ihre Militanz und ihre völlige Ignoranz des menschlichen Lustempfindens haben meine anfängliche Euphorie stets gebrochen. Deswegen verdamme ich sie nicht, denn von manchen habe ich doch ein wenig gelernt und ein bißchen was gestohlen für die ganz persönliche Reduktionsform meiner Leibesfülle. Und da ich nun einmal eine „Paradedicke" des Landes bin, die einmal schlanker und dann wieder dicker über Bühnen und Bildschirme kommt, will ich gerne über das Auf und Ab meiner optischen Erscheinung erzählen, über Freud und Leid einer Genießerin, über Klischeevorstellungen, gegen die meinesgleichen zu kämpfen hat, und über die Möglichkeit, trotz dreistelliger Gewichtswerte erfolgreich zu sein.

Als es mir vor etwa drei Jahren in relativ kurzer Zeit gelang, sehr viel an Körpergewicht zu verlieren, und ich mich dabei weder krank noch frustriert fühlte, wollten viele Menschen wissen, wie ich das geschafft habe. Da ich außerstande war, die vielen Briefe ausführlich zu beantworten, verwies ich auf dieses Buch, das zu schreiben ich schon damals beabsichtigte. Das Geheimnis ist unspektakulär, aber durchführbar. Sollte es Ihnen den Versuch wert sein, auf meine Weise abzunehmen, so möchte ich Sie eingehendst darum bitten, vorher mit Ihrem Arzt darüber zu sprechen. Was meinem Körper gutgetan hat, könnte bei anderen möglicherweise Komplikationen auslösen.

Jenen aber, die ein paar Kilos mehr auf den Rippen haben möchten, wird es durchaus dienlich sein, zu erfahren, wie es mir in ebenso kurzer Zeit gelang, das verlorene Gewicht wieder zurückzuspeisen. Möglicherweise entdecken Sie durch meine kulinarischen Träumereien die lebensbejahende Freude des Genießens.

Dieses Buch soll in keiner Weise belehrend sein, dazu fehlen mir der Sinn und vor allem die Beispielhaftigkeit. Vielmehr möchte ich versuchen, diesem Thema eine gesunde Portion Optimismus abzuringen und all jenen ein verständnisvolles Lächeln, denen der Humor in einer modisch-intoleranten Gesellschaft abhanden gekommen ist.

Das „pralle" Leben

Daß überdimensionale Fettpolster nicht das Maß aller Ästhetik sind, leuchtet ein, wie auch die Erwägung, daß starkes Übergewicht die Gesundheit beeinträchtigen kann. Daß aber Schönheit nur mit einem von knochenfetischistischen Modezaren festgelegten Idealgewicht in Einklang zu bringen sei, halte ich für eine schauderhafte Tendenz. Ich bin befremdet, wenn unterernährt wirkende Menschen, deren lila durch die Haut schimmernden Rippen man einzeln abzählen kann, behaupten, sie wären zu dick. Mit hohlen Wangen, unvermutbaren Brüsten und einem flachgebügelten Hintern beklagen sich Frauen etwa über zu dicke Oberschenkel, an denen noch ein bißchen Fleisch dran ist. Auch viele Männer, die wegen ihrer transparenten Knochenverkleidung den Beschützerinstinkt der Frauen wecken, würden sich lieber einen Finger abbeißen, bevor sie einen Löffel zuviel essen. Manchmal scheint mir, als liebäugelten sie mit dem Hungertod. Immer wenn mir klar wird, wie ernst sie es meinen, schlägt das auf mein walkürenhaftes Herz, und ich würde ihnen am liebsten ein Paar Würstel kaufen.
Wahrscheinlich hat Gott schon oft gegrübelt, ob

er bei seiner genialen Schöpfung Mensch nicht doch irgendwas verpfuscht hat, weil sie mit nichts, aber auch mit gar nichts zufrieden ist.

Es liegt mir fern, eine Offensive gegen Schlanke zu starten, doch jenen, die sich über uns Dicke lustig machen, möchte ich in die Ohren blasen, daß Dünnsein genauso wenig mit Schönheit gemein haben muß wie Dicksein mit Häßlichkeit. Ich bewundere schöne, schlanke Menschen, schöne Dicke aber vermitteln mir pure Freude.

Wer in meiner Küche mit chirurgischer Sorgfalt jedes noch so zarte Fetträndchen eines ausgesucht appetitlichen Filets an den Tellerrand schiebt und während des Essens über nichts anderes reden kann als über das Abnehmen, stimmt mich enorm unpäßlich und gefährdet meine Gastfreundlichkeit. Meine engeren Freunde wissen jedoch allesamt zu schätzen, was aus meinen Töpfen und Pfannen duftet, und Sie müssen nicht glauben, daß sie sich fürchten die Wahrheit zu sagen, nur weil ich eine so resolute Erscheinung bin.

Hingegen respektiere ich ausnahmslos jeden Gast, der mich vor einer Einladung darauf aufmerksam macht, daß er Diät hält oder Vegetarier ist. Ich selbst habe da überaus ernüchternde Erfahrungen gemacht. Manchmal ist es nicht zu fassen, welch intensive Bemühungen seitens meiner Gastgeber schon angestrengt wurden, mich etwa mit den Worten: „Einmal darf man doch sündigen!" oder „Schmeckt es dir etwa nicht?" von einer Diät abzubringen. Ein bißchen ist das wie bei den Alkoholikern, die auch nicht gern alleine trinken. Wenn man schon untergeht, dann wenigstens in guter Gesellschaft.

Hat man sich bereits soweit in der Gewalt, daß man anderen Gästen zumindest äußerlich emotionslos zusehen kann, wie sie sich „al dente" gegarte italienische Nudeln mit einer herrlich duftenden Sauce zwischen die Zähne schieben, wird man auch noch permanent dazu genötigt, den selbstgebackenen Weichselkuchen der Hausherrin wenigstens einmal zu probieren. Lehnt man auch noch den Dessertwein oder den Likör beharrlich ab, wird man als Spaßverderberin abgestempelt oder schlimmstenfalls gar der Unhöflichkeit bezichtigt.

Während meiner strengen Diätphasen habe ich nur deshalb keine Freunde verloren, weil ich für meine sündhaft verfressenen Gäste mit masochistischer Selbstverleugnung die köstlichsten Kohlenhydrat- und Kalorienbomben gezaubert habe, während ich selbst an einem einsamen Hühnerbein kaute. Aber solche Momente stärkten trotz traumatischer Sehnsüchte nach und nach die eigene Courage.

Hämisch beobachtete ich die Freßorgien durch

11

meine abgenagten Skelette, sah im Geiste die Hüften, das Doppelkinn und die Arschbacken meiner vor Wollust verstummten Gäste im Zeitraffer wachsen und schließlich wie zu stark aufgeblasene Luftballons explodieren. Ich aber meinte förmlich zu spüren, wie das Fett in mir schmolz und fühlte mich „stark, wie ein Felsen".

Die Hauben-Diät

In Restaurants ist es sicher einfacher, Diät zu halten, als bei privaten Einladungen, dachte ich naiv – aber das war wohl nichts.

Nach sorgfältigem Studium der Speisekarte – sie zählt in wirklich guten Restaurants zu meiner Lieblingslektüre – warte ich, in Träumen versunken, auf den Ober. Ehrfurchtsvoll bewundere ich immer wieder diese noblen Pinguinprinzen in Haubenrestaurants. Ihre gestreckte, majestätische Erscheinung, ihr tadelloses Outfit und ihre manchmal erotisch animalische Samtstimme verlangen mir Respekt ab. Und stolz sind sie! So gut wie nie sah ich einen feinen Gourmettempelober in leicht nach vorn geneigter Haltung, geschweige denn in dienender. Dazu ließe er sich höchstens in einem Landgasthof herab, wo der bescheidenere Gast sich gebauchpinselt fühlen soll, damit er statt dem Gulasch ein Filet bestellt und statt dem billigen Rabiatachterl einen ordentlichen Jahrgangwein.

Aber heiraten würd' ich solch einen Gourmettempelober nicht. Solche Menschen verbrauchen Unmengen an perfekt gestärkten und gebügelten Hemden, lassen sich daheim mit Vorliebe hinten und vorne bedienen, nörgeln über alles, was auf den Tisch kommt und hören die Läuse husten. Dafür gehen sie angeblich nur zu Bett, wenn sie müde sind. – Aber es wird da schon ein paar Ausnahmen geben.

Eine Bestellung kann ich vorerst nicht aufgeben, weil mir der Ober nun in fast heiliger Andacht die Tagesspezialitäten empfiehlt. Es wäre unsensibel, sich diese Empfehlungen nicht zur Gänze und mit zumindest gespieltem Entzücken anzuhören, so, als ignorierte man das Jahrhundertsolo eines begnadeten Jazzmusikers.
Bei aller gebotenen Anteilnahme zeige ich mich über seine Anpreisung einer bestialisch gezüchteten Gänsestopfleber irritiert, höre über das hausberühmte Weinbeuscherl mit Serviettenknödel leidend hinweg wie auch über das rosa gebratene Kalbsfilet an weißen Trüffeln mit hausgemachten Spinatknöderl in Butterbröseln. Beim Dialog von hellem und dunklem Mousse au chocolat stelle ich mich taub bis scheintot.
Nun werde ich wahrscheinlich unnobel in den Augen des Pinguinprinzen, denn ich winke ab mit den Worten, daß all das nichts für mich sei, und bestelle, was ich schon zu Anfang vor hatte:
„Eine Gemüsesuppe ohne Kartoffeln hätt' ich gerne, aber bitte ungebunden! – Wie? Haben Sie

nicht? Na gut, dann eben eine Consommé. –
Nein, keine Grießnockerl bitte! – Auch keine
Lungenstrudeldukaten! Ich möchte nur die klare
Suppe, wenn möglich mit ein paar Fettaugen oder
– haben Sie ein paar Markscheibchen?"
Spätestens jetzt muß ich ihm wohl erklären, daß
ich Diät halte und möglichst ohne Kohlenhydrate
auskommen möchte. Er nickt und tut, als ver-
stünde er mich, aber ich weiß genau, er tut es
nicht. Ungeachtet dessen fahre ich fort:
„Danach bitte die kleine Lachsvariation. Ich
möchte aber keinen Toast. – Nein, auch kein
Weißbrot, ich esse nämlich kein Gebäck! – Doch,
doch, den Oberskren schon! Vielleicht ein bißchen mehr als üblich."
In seinen Augen lese ich, daß er nicht an meine
Diät glaubt.
„Ja, und als Hauptgang bringen Sie mir dann bitte
das Kalbsfilet, wenn möglich nicht zu rosa, – meinetwegen auch die Trüffel, aber statt der Spinatknöderl in Butterbrösel hätte ich gern etwas Gemüse. – Nein, keine Kohlsprossen, lieber Erbsenschoten – oder vielleicht hätten S' noch einen
Blattspinat übrig, der noch nicht in den Knöderln
ist?"

Mittlerweile merke ich an den leicht zuckenden
Mundwinkeln, daß mein stolzer, majestätischer

15

Ober langsam Gefahr läuft, seine Contenance zu verlieren. Wie konnte ich nur so roh sein, die Trüffeln derart zu banalisieren? Ein bißchen von oben herab fragt er mich mit angefrorenem Lächeln, ob ich mich schon für ein Dessert entscheiden möchte. Ich gebe ihm zu verstehen, daß wir das später besprechen können, und bitte ihn, mir einen guten, trockenen Weißwein zu empfehlen.

„Wir werden bestimmt das Richtige für Sie finden, gnädige Frau. Unser Sommelier wird Sie persönlich beraten."

Weil er sich mit Diäten ziemlich genau auskennt, hat er aller Voraussicht nach damit gerechnet, daß ich nur Wasser trinke. Der Gute glaubt bestimmt, daß ich einem falschen Diätpropheten auf den Leim gegangen bin. Statt dessen ordnet er mich nun den ganz besonders schwierigen Gästen zu, denen man nichts recht machen kann.

Und als er stumm von dannen schreitet, kann ich mich des Verdachtes nicht erwehren, daß seine Körperhaltung – anders als bei seinem Erscheinen – leicht nach vorn gebeugt ist.

Alsbald begibt sich besagter Sommelier an meinen Tisch.
Wenn man sich schon in ein Haubenrestaurant begibt, sollte man natürlich auch wissen, was ein

Sommelier ist, sonst ist man nämlich blamiert. Dies ist ein eigens angestellter, hochqualifizierter Mensch, der sich mit alkoholischen Getränken ziemlich gut auskennt und genau weiß, welcher Wein zu welchem Tier paßt. Eine Art Kellermeister also, ja, ich würde sogar behaupten, ein Künstler. Geradezu hellseherisch weiß er, welcher Erntejahrgang des Rebensaftes zur Zeit seine rundeste Blume entwickelt hat, welch edler Tropfen den Haubengang optimal abrundet und die Seele mit aller Welt versöhnlich stimmt. Er kennt nicht nur die Gegend, in der die Reben gewachsen sind, sondern auch deren ehemalige Hanglage sowie Vor- und Zunamen, meist sogar die Biographie der Winzer. Er überwacht die perfekte Lagerung der kostbar abgefüllten Flaschen und mißt ständig die Temperatur, als wären es fieberkranke Kinder. Ein lebenswichtiger Berufsstand also, und ich sage es gleich vorweg: Sommeliers sind meine Freunde.

Nicht ganz so majestätisch wie die Pinguinprinzen zeigen sie einen Anflug von Leben im Gesicht, und manchmal leuchten sogar ihre Augen. Das ist kein Wunder, denn sie haben schon aus rein beruflichen Gründen ausgiebig zu kosten gehabt, damit der Gast keinen Most kriegt. Die ganz feinen Pinkel unter ihnen tragen im Jackenknopf-

17

loch stets eine dünne Kette, an der ein kleines, silbernes Löffelchen dranhängt. Aber aus lauter Ehrfurcht und weil ich halt auch nicht so direkt zeigen wollte, daß ich vom Land komme, habe ich mich nie zu fragen getraut, wozu das eigentlich gut ist. Unsereins mußte schließlich auch erst lernen, daß die Seifenlauge mit Zitrone in der Fingerschale nichts zum Trinken ist und das Glas Wasser zum Kaffee nicht zum Löffelwaschen.

Nun erzählt der Sommelier mir strahlend, was er so auf Lager hat: Von reifen, eher schwereren Franzosen, von einem kostbaren (sprich: unerschwinglichen), vollblumigen „Rothschild", der, wie er vorgibt, „lesen und schreiben" kann, schwenkt schließlich ab nach Südtirol zu einem fruchtigen Meraner und des weiteren bis hinab in die Toscana, schwärmt von einem harmonischen „Bolgheri Rosé" und landet schließlich bei den jüngeren, spritzigen Österreichern, die ihren guten Ruf trotz einstiger Panschkrise nie wirklich verloren haben. Aus Rücksicht auf meinen leicht übersäuerten Magen entscheide ich mich für einen etwas reiferen, rassigen Norditaliener mit großem Körper und fruchtiger Blume.

Schon beim Amuse-gueule, dem vom Haus kredenzten Appetithäppchen, bestehend aus zirka fünf Gramm Wildleberpastete, einem Milligramm

Himbeermus und einem Ruccolasalatblatt, halten
sie mir warm duftendes Jourgebäck unter die Nase, nächstens bei der Suppe, und als der Lachs mit
relativ wenig Oberskren serviert wird, hat man
auch auf den Toast nicht vergessen. Inzwischen
habe ich längst aufgegeben zu erklären, warum
und wieso ich keine Semmeln und dergleichen
esse, suche beim Hauptgang die nicht vorhandenen Erbsenschoten, rolle die nun doch vorhandenen Spinatknöderl heldenhaft beiseite, um ir-
gendwie die beiden ziemlich rosigen, dukaten-
großen Kalbsfiletstückchen ungeteilt auf meine
Gabel zu kriegen.
Und weil sich eine Frau an einem Gourmettem-
peltisch damenhaft zu benehmen hat, murre ich
nicht lange herum und genieße – kaum satt geworden – den rassigen Italiener, der mich anregt
und hält, was der Kellermeister versprochen hat.
Ich verzichte sogar auf ein Dessert, weil ich ahne,
daß der hiesige Patissier einen Waldbeerencock-
tail ohne Zucker und Grand Marnier schon aus
haubentechnischen Gründen nicht über die Kü-
chenschwelle läßt. Dafür werden mir zum Es-
presso kommentarlos jene köstlichen Petits fours
auf den Tisch gestellt, die meinen eisernen Willen
stets geprüft haben. Ich denke an das versäumte
Sesamweckerl, den Toast, die Spinatknöderl in
Butterbröseln und das Zwiegespräch der Schoko-

ladesaucen, als ich mir eins nach dem anderen ganz behutsam – als könnten sie mir davonfliegen – in den Mund stecke. Glücklich lege ich noch ein paar kleine Scheine zum üblichen Plastikgeld, wodurch auch mein Pinguinprinz, der ohnehin nicht eine Sekunde an meine Diät geglaubt hat, mit dem überraschenden Ansatz eines leisen Lächelns in gewohnt tadelloser Haltung von dannen schreitet.

An meine Diät mag ich jetzt nicht denken. Aber morgen ist ja schließlich auch noch ein Tag.

Die Morgen-Diät

Die „Morgen-Diät" ist mit ziemlicher Wahrscheinlichkeit die beliebteste Diät der Welt. Ich kenne kaum jemanden, der sie nicht schon mehr als ein dutzendmal praktiziert hätte. Das Angenehme daran ist, daß man dabei essen kann, was man will und soviel man will, weil man, wie der Name schon sagt, erst „morgen" damit beginnt, weniger zu essen. Daher ist diese Diät bis „morgen" auch immer erfolgreich, und kaum jemand hat damit Schwierigkeiten.

Der häufigste Termin für ihren Beginn ist der erste Jänner eines jeden neuen Jahres, das heißt, eigentlich der zweite, weil man ja gleich nach der Silvesternacht noch ziemlich fertig ist mit den Nerven und sich auf nichts konzentrieren kann. Schließlich ist so eine Diät ein massiver Eingriff in unser Lustempfinden, und schon deswegen erfordert der Start eine gewisse Ausgeschlafenheit und eine relaxte Bereitschaft.

Der Neujahrstermin ist, wie alle guten Vorsätze, ziemlich ernst gemeint und wird vorsichtshalber im Bekanntenkreis groß angekündigt, damit man sich ja am Riemen reißt und nicht etwa noch ein weiteres Schlemmerjahr aus allen Fugen quillt.

Falls man jedoch diesen Termin – aus welch tief-
greifenden Gründen auch immer – nicht schafft,
hat man ja immer noch den ersten Februar oder
den ersten März oder den ersten . . .
Schließlich hat das Jahr zwölf Monate.
Wer nun aber auch den nächstbesten Monatsersten für seine geplante Tortur versäumt, der wähle
guten Gewissens einen passenden Wochenbe-
ginn. Kein normaler Mensch beginnt eine ernst-
gemeinte Diät an einem stinknormalen Donners-
tag oder gar am Wochenende.

Ich habe mich auf den Neujahrstermin immer gut
vorbereitet. Die Weihnachtsfeiertage waren bestens dazu geeignet, dem Körper in Schwerarbei-
terportionen all das zu geben, was ihm nach dem
Jahreswechsel vorenthalten werden sollte. Die
Gans konnte nicht fett genug sein, weil die Sem-
melfülle ohnehin alles aufsog. Lieber ein paar Nudeln mehr, dachte ich, und lieber noch eine zweite Portion von den Schneenockerln in Vanille-
sauce, damit der Gaumen nicht schon in der ersten Diätwoche danach verlangt. Und wenn ich
auch längst satt war – zwischen Kinn und Brust-
bein waren immer noch ein paar Zentimeter Platz
für den Käse. Sollten doch meine Gedärme noch
einmal ordentlich zupacken, sie haben ja bald Fe-
rien! Die Askesephase, die unmittelbar vor der

Tür stand, machte einen ja so erbärmlich arm in seiner Lebensfreude. Auf den Magen hörte ich nur, wenn er was wollte, nicht, wenn er genug hatte. War er beleidigt, wurde er mit säurebindenden Medikamenten beruhigt.

Ich aß wie aus einem inneren Zwang, als müßte ich meine Geschmacksnerven durch Übersättigung betäuben und gegen kulinarische Wohlgerüche und Gelüste immunisieren. Von Genuß war da keine Rede mehr. Der Reis hätte klebrig sein können und die Teigwaren zerkocht, ich aß alles, was mir auf den Löffel kam und die Körpermasse nicht reduzierte. Nur Herzhaftes konnte mich befriedigen. Und wenn mir nach den Freßorgien vor allem gegraust hat und mir so schlecht war, daß ich mich übergeben mußte, sagte ich zu mir: „Nun wirst du es schaffen! Bis zum Jahresbeginn sind es ja nur noch ein paar Tage!"

Schließlich mußte alles seine Ordnung haben, und die Ordnung der Selbstzerstörer ist manchmal schizophren.

Am Silvesterabend wurde gesellig geschlemmt bis zum Umfallen, und rings um mich hörte ich vom häufigsten Neujahrsvorsatz der Österreicher-Diät. Sie prosteten einander mit einem wehmütigen, fast leidenden Blick zu und sagten: „Morgen hört sich das alles auf!" Und ich wußte genau, sie würden zu neunzig Prozent alle wieder umfallen – außer mir natürlich! Ein paar würden vielleicht zwei bis drei Kilo loswerden und bei der nächstbesten Gelegenheit dem inneren Schweinehund erliegen.

Ich hingegen hatte als einzige von ihnen Zeit bis übermorgen.

Ouvertüre für ein besseres Jahr

Man schrieb den 1. Jänner 1993. Das Geplärr des
Radioweckers drang um neun Uhr morgens barba-
risch an meine sensiblen Ohren. Darauf war mein
Lebensrhythmus nicht eingestellt, weil ich ein
Nachtmensch bin und seit jeher daran gewöhnt,
bis Mittag zu schlafen. Was keine Schande ist,
wenn man das Attribut „Künstlerin" zugesprochen
bekommt. Künstler entbehren während der jungen Tageszeit allgemein jeglicher Inspiration.
Da ich das unfaßbare Glück hatte, eine Karte zum
Neujahrskonzert zu bekommen — dieses Kultur-
billett kriegen normalerweise nur Präsidenten, der
Papst und die Japaner —, das traditionell um elf
Uhr vormittags stattfindet und diesmal obendrein
von Riccardo Muti dirigiert wurde, quälte ich
mich massiv aus dem Bett, um mir unter der Dusche das Bunte vom Silvesterabend herunterzu-
spülen. Ein Blick in den Spiegel bedeutete mir,
daß das einzig Rötliche in meinem Gesicht das
Weiße in den Augen war. Also kittete ich meine
tiefsitzenden, leicht ins Bläuliche gehenden Au-
genringe mit heller Abdeckcreme und legte mit
etwas Rouge und anderen bewährten Hilfsmitteln
ein leicht durchblutetes Tagesgesicht auf.

Schon am Vorabend hatte ich mir die passende Garderobe zurechtgelegt, weil ich ahnungsvoll mit einer gewissen Verwirrtheit nach all den Feierlichkeiten rechnete. Der vorteilhaft kaschierende, schwarze Hänger mit dezent festlichem Aufputz machte sich gut über der langen, etwas bieder anmutenden, weißen Seidenbluse mit dem Würgekragen, die den bequemen Gummizug meiner leicht dehnbaren Feinwollhose verdeckte. Es war jedenfalls das körperlich günstigste Ensemble, das ich besaß. Den knallbunten Dominoblazer und das tiefdekolletierte Top, das ich gestern trug, hat man mir fast kommentarlos verziehen, weil Silvester war und die Leute aus diesem Anlaß sowieso schon viel gelacht haben. Darunter trug ich zu Silvester eine schwarze, am Neujahrstag (wegen der Bluse) eine weiße, hautfreundliche, ebenfalls dehnbare Baumwollgarnitur, die wegen ihrer schmucklosen Art selbst den heißesten Prinzen sofort wieder abgeregt hätte. Aber in diesem Bereich hatte heute ohnehin keiner was verloren. Anderenfalls hätte ich mir ja auch nicht die Strumpfhose angezogen, die oben herum kniff wie alle Übergrößenstrumpfhosen, sondern mir die halterlosen, hauchdünnen, garantiert rutschfesten Seidenstrümpfe mit einem Doppelklebeband an die Oberschenkel gepickt. Einen Büstenhalter habe ich in prallen Zeiten nur sehr selten getragen, weil diese Fischgrätenbomber meine reifen Brüste – sofern ich diese in die Körbe kriegte – in fast vulgärer Weise nach vorne zwangen. Da die Herren mit ihren Blicken ständig von meinen Augen abrutschten und ich mich beim Essen meist anpatzte, habe ich es sein lassen. Später habe ich das Ding auf meinen Bauernstubenschrank gelegt und mit Trockenblumen dekoriert, was eine Zeitlang recht hübsch aussah. Schließlich aber habe ich diesen Stein des Anstoßes doch weggeworfen, obwohl ich ein paar Frauen kenne, denen er ganz gut gepaßt hätte.

Als ich der nationalen Öffentlichkeit noch nicht so bekannt war, hatte ich viele Zornesanfälle in Boutiquen, wenn ich was zum Anziehen brauchte und die Verkäuferinnen nur ein süffisantes Lächeln mit verneinendem Kopfnicken für mich übrig hatten. Heute bedauern sie höflich. Sie waren sicherlich schuldlos an den zugelieferten Minikonfektionen, wenngleich sie den Modemachern ruhig hätten sagen können, daß Kunden mit einer Idealfigur mindestens so selten sind wie nichttragende, korpulente Gazellen. Es schien fast so, als gönnte man den Dicken nichts Schickes. Man war zur Kellermode verdammt, oder man mußte für den Maßschneider tief in die Tasche greifen. Bis endlich einige Branchenzaren aufwachten, den Rotstift zur Hand nahmen, um zu rechnen und anschließend einige Kreationen auch mit großzügigeren Maßen zu bedenken. Zaghaft zuerst und bieder, dann doch mit etwas mehr Mut und schließlich waghalsig. Erstmals demonstrierten hübsche, mollige Modelle Kollektionen für ihresgleichen, als hätte man die Dicken soeben erfunden. Was für füllige Herren schon immer selbstverständlich war, wurde nun auch dickeren Damen zuteil: Sie wurden salonfähig. Ein ordentlich erotisches Sexualleben spricht man ihnen jedoch immer noch ab, denn auf schöne, große Dessous, die vom Baumwollschema abweichen, hat man weitgehend vergessen. Auch attraktives Schuhwerk ab Größe einundvierzig dürfte noch eine Marktlücke sein. Wenn es erst einmal soweit ist, daß hierzulande genügend geboten wird, um dem Modegeschmack der Molligen in allen Details gerecht zu werden, wenn Mannequins endlich normale Portionen essen dürfen und das allgemeine ästhetische Empfinden über die Dimensionen des Fliegengewichts hinausschwingt, die sonst nur während einer Hungersnot erreicht werden können, wäre es durchaus möglich, daß die Ära der Dürre bald vorbei ist und reichhaltige Körperformen begehrter sein werden als zu Rubens' Zeiten.

Trotz zwickender Strumpfhose, trotz der etwas zu engen Stöckelschuhe und meines verkaterten Kopfes habe ich das Neujahrskonzert und vor allem den Riccardo sehr genossen. Und als unser berühmter Donauwalzer von den Wiener Philharmonikern überaus gefühlvoll angestimmt wurde, schossen mir sogar ein paar Tränen in die Augen.

Wenig später war ich wiederum stolz, in diesem kulinarisch so phantasievollen Land geboren zu sein, als ich mit ein paar lieben Freunden dieses Konzerterlebnis mit einem ominösen Festmahl im „Korso", der ersten Gourmetadresse Wiens, bekrönen durfte. Es wurde auch dafür Sorge getragen, daß uns der begnadete Meisterkoch Reinhard Gerer persönlich betreute, der mittlerweile mehr Auszeichnungen als Kochlöffel besitzt. Keiner von uns hat nach der Speisekarte gefragt, sowas tut man bei Gerer nicht. Wir baten ihn nur, uns „was G'scheites" zu kochen.

Seine Rindsuppe mit drei verschiedenen Einlagen erweckte in uns Bärenkräfte, worauf wir uns fast nahtlos an hausgemachten Nudeln mit Kaviar vergaßen. Nach einem halben Plauderstündchen, in dem der Sommelier alle Register zog, richtete man uns eine knusprige, schön durchgebratene Ente mit Kartoffeln, Morcheln und Vogerlsalat an, wovon ich heute noch träume. Von den Topfenknöderln mit Sauerkirschen und Grand-Marnier-Eis ganz zu schweigen. Ich habe mir fest vorgenommen, dem Reinhard als Zeichen meiner Hochachtung eine wunderschöne Haube zu stricken.

Unser aller Augen leuchteten, und der Wein tat sein übriges, unser genußvoll ergriffenes Schweigen zu beleben. Wir lachten, plauderten und genossen diesen herrlichen Tag, und erst als es draußen zu dämmern begann, machten wir uns auf den Heimweg.

Ich war angenehm müde und freute mich auf mein Bett, doch zuvor galt es noch einige wichtige Vorbereitungen für den nächsten Tag zu treffen, an dem meine Ernährungsgewohnheiten eine jähe Wende nehmen sollten. Die ganze Zeit über war es mir verständlicherweise nicht ein einziges Mal in den Sinn gekommen: Ich mußte meinen Kühlschrank leeressen.

Mit ein bißchen Einfühlungsvermögen wird nun wohl jeder Argwöhner verstehen, warum es mir gänzlich unmöglich ist, am ersten Tag des Jahres mit einer ernstgemeinten Diät zu beginnen.

Kühlschrankinventur

Als ich es mir endlich leisten konnte, meine Traumküche einzurichten, habe ich auf vier Dinge ganz besonderen Wert gelegt: Einen guten Geschirrspüler, eine versenkbare Brotschneidemaschine, einen ziemlich großen Kühlschrank und einen separaten, kleineren Gefrierschrank.

Ich würde mir heute im Notfall nicht zu gut dafür sein, das Geschirr händisch zu waschen und den Brotwecken erfahrungsgemäß freihändig schief zu schneiden, aber ich würde mich keinesfalls mit einem kleinen Kühlschrank zufriedengeben. Da ich sehr gastfreundlich bin, wäre es mir bis ins Knochenmark peinlich, einem Gast nicht *sein* Lieblingsgetränk bieten zu können, weil es aus Platzmangel nicht gekühlt werden konnte, seinen Lieblingskäse oder meinetwegen *seine* süßsauren Gurkerl oder Teufelsroller. Dazu muß unbedingt *mein* steirisches Kürbiskernöl, ohne das ich *mein* Heimatgefühl verlieren würde, mein echter Himbeersaft, der von meiner Mutter ohne Chemikalien hergestellt wird, und *meine* selbstgemachte Marillenmarmelade Platz haben.

Wenn man nun bedenkt, daß der eine lieber einen trockenen, der andere lieber einen lieblicheren

Wein trinkt, der eine alkoholfreies Bier bevorzugt, der andere alkoholhältiges und wieder ein anderer nur auf eiskalten Wodka schwört, dann wird man sich bei einem normalen Kühlschrank ziemlich schwer tun, die allgemeinen Grundnahrungsmittel wie Eier, Milch, Butter, Käse, Wurst, Schinken, Räucherspeck, Aufstriche, Preiselbeerkompott, Gemüse, Sauerrahm, Joghurt und Salat unterzubringen. Dazu bedenke man, daß ich eine alleinstehende Frau bin und daher manchmal auch schon für den nächsten Tag mitkoche, zum Beispiel eine Suppe, einen Braten oder einen Eintopf. Wo sollte da noch in einem kleinen Kühlschrank der Kochtopf hin?

Gerade zu den Weihnachtsfeiertagen und zu Silvester hat man mit mehr Besuchern zu rechnen und sieht sich dementsprechend vor. Wenn die aber nun alle nicht kommen oder nur ein paar von ihnen, dann bleibt man auf all den guten Sachen sitzen, vor allem dann, wenn man am zweiten Jänner endlich seine Diät beginnen will. Da es mir aus Gewissensgründen widerstrebt, etwas wegzuwerfen, was noch verwertbar ist, versuchte ich am Neujahrsabend, diese Sache in den Griff zu bekommen. Nun bedenke man aber das vorangegangene Mahl im „Korso", an dem ich mich bis zur Erschöpfung gelabt habe. Nach Topfenknöderln mit Sauerkirschen und Grand-Marnier-

Eis hat man einfach keinen Appetit auf zwei, drei
Tage alte Puddingbecher mit Schlagrahm, einmal
mit Vanille und einmal mit Schokolade. Ganz abgesehen von dem Silvestersülzchen, dem Gabelbissen, der Knabbernossi, dem zuckerhaltigen
Heringsalat, Mutters Germzopf mit Zimt und
Rumrosinen, der Käsekrainer, der nicht mehr
ganz jungen Extrawurst, der Kalbsleberpastete,
den Schwedenbomben, den übriggebliebenen,
großzügig belegten Brötchen von Silvester und
dem Rest vom Erdäpfelgulasch, das einmal aufge-
wärmt erst so schmeckt, wie es schmecken soll.
Da wäre ich an meinem ersten Diättag gleich dreimal umgefallen!

Ich hatte Zeit bis Mitternacht, und das waren immerhin noch ein paar Stunden. Das Silvestersülzchen mußte dringend weg, weil es, wie der Name
schon sagt, nicht weit über den 31. hinaus bestimmt war. Darauf paßte ganz trefflich der Heringsalat. Der Gabelbissen machte mich schon
nicht mehr glücklich. Die Käsekrainer habe ich
eingefroren, die nicht mehr ganz junge Extrawurst und die Kalbsleberpastete erhielten meine
Katzen, wobei sie die Extrawurst ignorierten und
ich diese tatsächlich wegwerfen mußte. Schließlich gönnte ich mir eine kleine Pause und machte
mir ein Häferl Kaffee, damit ich bis null Uhr nicht

einschlief. Mamas Hefezopf mit Zimt und Rumrosinen aß ich sehr langsam in kleinen Stückchen
dazu. Als ich mich vor die Flimmerkiste legte,
fühlte ich mich doppelt so schwer und konnte
nicht behaupten, noch auf irgend etwas Lust zu
haben. Nach einem kleinen, unvermeidbaren
Schlummerstündchen besann ich mich auf die belegten Brötchen, nach deren Verzehr hatte ich
einen spontanen Gusto auf etwas Bodenständiges
und wärmte mir das sämiger gewordene, gut ge-
lungene Erdäpfelgulasch. Nun war ich wirklich
satt, aber die Schwedenbomben waren sehr luftig
und leicht und machten keine wesentliche Mühe
mehr. Nur mit diesen Sahnepuddings hatte ich
Probleme. Doch meine überaus verfressene, ku-
gelrunde Naschkatze Lilly half mir mit Begeisterung dabei, sie zu verinnerlichen. Sie wurde am
nächsten Tag ebenfalls auf Diät gesetzt, was bestimmt nicht einfach war, denn immer, wenn Lilly
weniger bekommt als mein sehr genügsamer und
ziemlich heikler Kater Sammy, dann glaubt meine
reizende Katzendame, ich liebe sie nicht mehr.

Um null Uhr fünf war alles aufgegessen, und mir
war so schlecht, daß ich am liebsten sterben wollte. Als ich den Kühlschrank noch ein letztes Mal
inspizierte, ging wie von Geisterhand die Innen-
lampe kaputt, was ich als grimmiges Mahnzei-

chen der Götter deutete. Unbeleuchtet und leer wie er war, schien er mir plötzlich viel zu groß, kalt und unattraktiv.

Genaugenommen habe ich die Speisen dann doch weggeworfen. Sie wurden lediglich vorher zerkleinert und machten einen kleinen Umweg über meinen Magen.

Aber alles hatte seinen Sinn, auch wenn ich mich, zumindest diesbezüglich, bereits selbst den Perversen zuordnete. Nicht auszudenken, was aus meiner „Morgen-Diät" geworden wäre, hätte ich die reichhaltigen Nahrungsmittel nicht rechtzeitig vertilgt! Selbst ein Wenigesser wäre am nächsten Tag zumindest bei einem Teil des Angebotes knieweich geworden.

Und dann wäre wieder ein Jahr übers Land gegangen, meine Übergrößenstrumpfhosen hätten noch gemeiner um die Hüften gezwickt, und die ganze Fresserei wäre umsonst gewesen.

Die Heute-Diät

Auf der einen Seite habe ich ihn gefürchtet, andererseits aber war mir bewußt, daß der zweite Jänner, dieser selbsternannte Termin für meine radikale Körperreduktion unumgänglich, ja wahrscheinlich sogar lebensnotwendig war. Und jetzt war er gekommen, direkt nach dem Ersten, so selbstverständlich wie jeder andere Tag.
Karge Zeiten brachen an.
Meine Waage, diese ehrliche Sau, zeigte, als ich sie mit beiden Füßen ohne mich festzuhalten bestieg, ein Gewicht an, das mir einer so breiten Öffentlichkeit mitzuteilen widerstrebt. Gewisse Journalisten würden sich einen Ast lachen und statt der nächsten Plattenbesprechung wieder nur über meine Äußerlichkeit schreiben. Daß die Zahl eine dreistellige war, konnte ich ohnehin niemandem mehr vertuschen, weder mit kaschierenden, schwarzen Hängern oder längsgestreiften Hosen noch mit einem dunkler geschminktem Doppelkinn. Was mich aber wirklich umgehauen hat: Ich sah im rechten Winkel das erste Mal auf dieser zuverlässigen Waage das Ende ihrer Skala bei hundertzwanzig Kilo, dann nichts mehr. Die Hersteller dieses leidigen Kontroll-

gerätes glaubten also nicht daran, daß ein normaler Mensch auf dieser Welt schwerer werden konnte als hundertzwanzig Kilo. Ein Jahr mehr geschlemmt, und ich hätte auf eine Pferdewaage steigen müssen.

Ein Blick in den Spiegel: Ich ließ meinen Bauch locker heraushängen, indem ich nicht wie sonst üblich ein –, sondern ausatmete. Die nackte Wahrheit bestätigte, daß sich die Waage nicht geirrt haben konnte, und eine Irritation des Spiegels war ausgeschlossen. Aber nun sollte alles anders werden!

In der Küche rührte ich mein natürliches Abführgebräu mit lauwarmem Wasser zusammen und bettelte mit Zitronensaft um Geschmacksverbesserung. Sowas bringe ich nur im Stehen ohne einzuatmen hinunter, wenn ich dabei an etwas Schönes denke. Normalerweise genügt ein Teelöffel Glaubersalz und ebensoviel Bittersalz, aber zum Diätstart verordnete ich mir eine doppelte Portion, weil es mir nach den gegebenen Tatsachen ratsam schien. Die kommenden Stunden spielten sich mehr oder weniger rabiat an einem winzigen Ort ab, ich möchte aber nicht ins Detail gehen. Schließlich wollen Sie erfahren, wie meine Diät funktioniert, mit der ich in einem schon weit zurückliegenden Jahr durch eine achtbare Ge-

38

wichtsreduktion von sechsundzwanzig Kilo für
alle sichtbar schlanker wurde.
Ich habe, wie schon eingangs erwähnt, alle möglichen Diätformen studiert, habe einige eine Zeitlang befolgt und aus mangelndem Lustempfinden
oder gar aus Verzweiflung wieder abgebrochen.
So meine ich, daß beispielsweise eine Körnerdiät
nur was für ausgefleischte Vegetarier, Hasen oder
Pferde ist und einem übersäuerten Magen nicht
unbedingt bekömmlich sein muß. Die Semmelkur
mag für ein paar Wochen gesund und reinigend
sein, aber kein Mensch könnte diese für ein Jahr
durchhalten, weil man schon nach wenigen Tagen
von einer überdimensionalen Schweinsstelze
oder ähnlichem träumt, ebenso bei der Holly-
wood-Diät, welche extrem fruchtig und sehr ein-
seitig ist und zudem die Magensäfte attackiert.
Die Nulldiät halte ich für sinnlos bis lebensge-
fährlich, mögen mich meinetwegen ihre Prediger
dafür beschimpfen. Der liebe Gott hat uns nun
mal einen ausgehirnten Verdauungsapparat ge-
schenkt, weil er damit rechnete, daß der Mensch
ißt. Auf meinen Kuraufenthalten habe ich genug
auf diese Weise Malträtierte mit rasenden Kopfschmerzen, Kreislaufattacken und Mordgedan-
ken erlebt, wenn sie sehnsuchtsvoll auf meine gebratene Bachforelle mit Gemüsebeilage starrten
und obendrein mitkriegten, daß ich während zwei

Wochen fast ebensoviel abgenommen habe wie sie. Blitzdiäten sind nur was für eingebildete Dicke, denen die Kindergröße zu eng geworden ist. Man ernährt sich dabei ein paar Tage ausschließlich von Eiern oder Bananen, entwässert dabei ein wenig, nimmt nach kürzester Zeit wieder blitzartig zu und kann für sein Leben keine Eier oder Bananen mehr sehen. Das funktioniert auch mit Kartoffeln, Reis oder konzentrierten Gemüse- und Obstsäften. Gegen Ahornsirup mit Apfelessig ist nichts einzuwenden, wenn man es mit seinen Gedärmen gut meint, aber auf Dauer finde ich dieses Getränk langweilig. Am vernünftigsten erscheint mir die Trennkost, weil sie sehr vielseitig ist und daher nicht schädlich, wenn auch ein wenig kompliziert und nichts für Leute, denen ein gutes Frühstück wichtig ist.

Mit meinem überschüssigen Gewicht, welches alleine schon einen ganz neuen, zart gebauten Menschen ergeben hätte, mußte ich eine Diät finden, mit der ich wesentlich länger leben konnte als zwei, drei Wochen. Zumindest ein Jahr lang wollte ich durchhalten, denn das Wort „für immer" war mir stets zu endgültig, nicht nur was das Abnehmen betraf. Wovon sollte man noch träumen, wenn man den besten Dingen für den Rest des Lebens entsagte?

Nachdem ich keine akzeptable Diät fand, die ich über eine längere Zeit durchhalten konnte, begann ich aus mehreren Reduktionsformen das Angenehmere herauszustehlen und machte das Ergebnis zu meiner Diät.

Die „Werger-Diät"

Die Basis meiner Kur besteht darin, auf Kohlenhydrate weitgehend zu verzichten. Sie bildet eine
Mischung aus einer abgemilderten Form der „At-
kinsdiät" und der „Trennkost". Mit den Weissa-
gungen des Dr. Atkins habe ich zwar in jungen
Jahren mehrmals sehr viel und sehr schnell abgenommen, doch finde ich heute das gesundheitli-
che Risiko zu hoch. Er erlaubt den uneinge-
schränkten Genuß von Fett, weil dieses, wie er
sagt, ohne die Verbindung mit Kohlenhydraten
wiederum Fett verbrennt und nicht als Fettpöl-
sterchen endet. Seine Diät ist sehr eiweißreich,
dafür läßt er Obst und Gemüse nur sehr bedingt
zu und weist im Bedarfsfall (der zweifelsohne gegeben ist) auf künstliche Vitaminpräparate hin.
Wer nun einen sensiblen Stoffwechsel, einen hohen Cholesterinspiegel und zu hohen Blutdruck
hat, wird besser daran tun, sich davon zu distanzieren.
Da ich jedoch nicht zu langsam abnehmen und
dennoch gesund bleiben wollte, habe ich die Regeln des Herrn Atkins für meinen Bedarf insofern
eingeschränkt, indem ich Salat und Gemüse – mit
Ausnahme sehr kohlenhydratreicher Sorten –

nach Belieben genoß, stets ein wenig frisches
Obst aß und das Fett zumindest soweit reduzierte,
daß ich mir ein wenig von meinem geliebten stei-
rischen Kürbiskernöl auf die Salatblätter gießen
und das Fetträndchen vom Beiried nicht wegzu-
schneiden brauchte.

Mit der „Trennkost" ist meine Diät insofern ver-
wandt, als auch sie die Verbindung von Kohlenhydraten und Eiweiß nicht erlaubt. Dabei dürfte
ich zwar beispielsweise Spaghetti essen, aber ohne Fleisch oder Fisch und ohne meinen geliebten
Parmesan. Sowas ist für mich unerotisch wie ein
zahnloser Prinz. Zum Frühstück ist bei der
„Trennkost", die mir bekannt ist, lediglich Obst
erlaubt, wonach mir, gleich nach dem Aufstehen,
nicht unbedingt ist. Ohne duftenden Bohnenkaffee mit etwas Milch und Süßstoff und zumindest
ein paar Bissen Brot blieben meine Geister scheintot im Bett liegen. Auf meinem Speisenplan findet
man während meiner gestrengen Diätphasen folgende Lebensmittel:

FLEISCH: Von welchem Tier auch immer. Es muß
nicht unbedingt mager sein.

INNEREIEN: In Maßen, wegen der hohen Cho-
lesterinwerte.

FISCH: Jede Art, auch Krustentiere, Austern, Kaviar, Thunfisch in Öl.

GEFLÜGEL: Ohne Einschränkung.

SALAT: Außer Bohnen, Kartoffeln, Mais. Blattsalate bevorzugt.

GEMÜSE: Außer Erbsen, Linsen, Kartoffeln, Mais, Bohnen, Soja.

PILZE: Jede genießbare Sorte.

OBST: In Maßen, ausgenommen süße Sorten und Bananen. Äpfel bevorzugt.

MILCH: Nur zum Kaffee oder Tee, nicht als Getränk.

RAHM: Sauerrahm, Obers, zum Verfeinern der Speisen.

TOPFEN: Auch sehr fetthaltiger, jedoch keine gesüßten Produkte.

JOGHURT: Außer gesüßte Fertigprodukte.

KÄSE: In Maßen jede Sorte, jedoch pur ohne Brot oder Obst.

EIER: In Maßen, auch Mayonnaiseeier.

FETTE UND ÖLE: In Maßen in jeder Form, ausgenommen Erdnußpaste.

SCHINKEN: Jede Art, mild gesalzen.

WURST: Salami, Schinkenwurst. (Vorsicht vor versteckten Stärkezusätzen!)

GEWÜRZE: Alle gängigen, Kräuter, Senf, Knoblauch, Zwiebel. Salz sparsam!

GETRÄNKE: Kaffee, Tee ungesüßt, trockener Wein in Maßen, Mineralwasser.

Manche der angeführten Speisen haben zwar eine Menge Kalorien oder Joule, aber das tut bei meiner Diät nichts zur Sache. Ich achte lediglich auf kohlenhydratarme Produkte. Genaue Angaben findet man auf Nährwerttabellen, die man im Buchhandel erstehen kann.

Was auf meinem Diätspeisenzettel absolut nichts verloren hat:

ZUCKER: In keiner Form. Ausgenommen künstlicher Süßstoff.

HONIG: Nur bei rapidem Absinken des Blutzuckerspiegels ein Teelöffel.

MARMELADE

MEHL, STÄRKE: In keiner auch noch so versteckten Form.

GRIESS, MAIS

KAKAO, SCHOKOLADE UND PUDDINGPULVER

GETREIDEPRODUKTE: Außer einem *kleinen* Brot zum Frühstück.

MÜSLI: In Maßen zum Frühstück statt des Brotes, ohne Schokolade.

TEIGWAREN

REIS

NÜSSE

FRUCHTSÄFTE: In keiner Form, außer im normalen Obstverzehr enthaltene.

BIER: Ist angeblich kohlenhydratfrei, woran ich jedoch nicht glaube!

LIKÖR
DESSERTWEIN
KETCHUP: Wie alle Grillsaucen, die Zucker
und/oder Stärke enthalten.

Auf den ersten Blick sieht es so aus, als wäre mehr
erlaubt als verboten, doch bedenke man die
manchmal hinterlistigen Verstecke, in denen sich
Mehl oder Zucker befindet. Ich habe mir längst
angewöhnt, die genaue Zusammensetzung kon-
servierter Fertigprodukte zu studieren. Viele
Wurstsorten werden mit Stärke angereichert (Extrawurst, Frankfurter u. a.), und selbst der Hering
in Tomatensauce ist meist leicht gesüßt. Auch
Zuckeraustauschstoffe, die für Diabetiker geeignet sind, lasse ich sein. Den Fruchtzucker genieße
ich viel gesünder mit einem frischen Stück Obst.
Man kann sich immerhin mit künstlichem Süßstoff das Leben erleichtern, wobei man auch hier
nicht übertreiben muß. Zuviel chemische Stoffe
sind nicht empfehlenswert. „Light-Produkte", die
den Markt immer mehr beherrschen, können,
wenn man die Angaben auf den Packungen nicht
sorgfältig studiert, eine Falle sein. Sie sind durchwegs stark kalorien- und fettreduziert, doch beinhalten sie oft jede Menge Kohlenhydrate und
werden in der Regel mit chemischen Zusätzen
haltbar gemacht.

Wenn man auswärts ißt, so hat man mitunter schon seine Mühe (siehe „Hauben-Diät") alles zu hinterfragen, und man kommt sich obendrein lästig vor. Aber auch daran kann man sich und seinen Lieblingswirt gewöhnen. Mit der Zeit stellt sich eine gewisse Routine ein.

Mit Erstaunen (und Freude?) werden manche festgestellt haben, daß ich auch trockenen Wein auf meine positive Liste geschrieben habe. Außer Dr. Atkins, der hin und wieder ein Glas des gegorenen Rebensaftes gestattet, ist mir kein Diäterfinder bekannt, der dies erlaubt hätte. Hier ist allerdings Vorsicht vor billigem Fusel geboten, der oftmals mit Zucker angereichert wurde, mag er noch so sauer schmecken. Ein guter, trockener Naturwein wird bei einem organisch gesunden Menschen während dieser Reduktionskur wohl kaum Schaden anrichten, sofern er ab und zu getrunken und nicht gesoffen wird. Genaugenommen wären ja sogar Whisky, Obstbranntwein und Cognac erlaubt, weil ungesüßte, klare Schnäpse kaum oder keine Kohlenhydrate enthalten. Solch kleine Schweinereien habe ich jedoch ohne Wehmut weitgehend ausgelassen, weil sie in eher „verhaltenen Zeiten" aggressive Auswirkungen auf Geist, Nerven und Stoffwechsel haben können. Was nun verschiedene Biersorten betrifft, so bin ich sehr verunsichert. Laut einer anerkannten Nährwerttabelle ist Bier nahezu kohlenhydratfrei, und doch glaube ich mich zu entsinnen, daß der gute Dr. Atkins verneinend abgewunken hat. Da der berühmte „Bierbauch" sicher nicht vom Wassertrinken entsteht, habe ich das Hopfengebräu vorsichtshalber auf die negative Liste gesetzt und mich auch selbst daran gehalten.

Wenn ich dennoch in einer jener herrlich weinseligen Nächte, in denen man sich in guter Gesellschaft weise genug fühlt, eine neue Weltordnung zu erfinden, mit dem Alkohol übertrieben habe, dann zeigte meine Waage am folgenden Tag meist sogar weniger an. Das war jedoch ein Trugbild. Die Nieren versuchten, des „Überfalls" Herr zu werden, indem sie – laienhaft ausgedrückt – sehr viel körpereigene Flüssigkeit für die Reinigung aufwenden mußten. Man ist also am folgenden Tag mehr oder weniger ausgetrocknet, was den dadurch entstandenen Salzmangel und übertriebenen Durst („Brand") erklärt. Die großen Flüssigkeitsmengen, die man – diesmal hoffentlich alkoholfrei – im verkatertem Zustand trinkt, bringen den Gewichtspegel wieder auf den letzten Stand und die Welt wieder ins Lot. Wirklich abgenommen habe ich also nie bei derartigen Vergehen, aber auch nicht zugenommen, es sei denn, ich

erlag am „Katertag" meinem plötzlichen Heiß-
hunger auf erlesene Todsünden, was übermäßiger
Alkoholgenuß im allgemeinen bewirkt.

Die ersten Tage meiner Diät widmete ich einer
intensiven Reinigung und Entschlackung meiner
Gedärme mit den bereits erwähnten, natürlichen
Mitteln. Zu lange sollte man sich diesbezüglich
jedoch nicht kasteien, da der Körper durch diesen
vermehrten Flüssigkeitsverlust ebenfalls austrock-
nen könnte. Es ist hinlänglich bekannt, daß man,
besonders während einer Diät, sehr viel trinken
muß. Mindestens drei Liter Wasser oder Tee pro
Tag wurden mir vom Arzt mit Nachdruck verord-
net. Leber und Nieren haben es mir gedankt.
Diesen Reinigungsprozeß habe ich als leidenschaftliche Saunistin mit einigen Aufgüssen wöchentlich unterstützt, was meinem eher niedrigen
Blutdruck, meiner Haut und auch der Seele wohl
tat. Wer die Saunahitze nicht verträgt, ist sicher
mit einer Dampfkammer besser bedient. Auch habe ich mir für die Körperpflege mehr Zeit genommen, öfter als sonst ein Peeling gemacht und mit
reichhaltiger Körpercreme nicht gespart. Gymnastik und Stretching sind sicher ein wichtiger Fak-
tor, die Elastizität der Haut, die Durchblutung
und die Beweglichkeit schlechthin zu fördern,
doch gestehe ich offen, daß es mit meinen Übun-

gen und vor allem mit meiner Ausdauer nicht allzuweit her war. Bei soviel Übergewicht und ungewohnt sportiver Betätigung fällt jede Bewegung doppelt so schwer. Schon nach wenigen Minuten keuchte ich wie ein asthmatisches Roß und hatte das Gefühl, ich müßte meine nikotinhaltige Lunge ausspucken. Nach regelmäßigem Training fällt zwar alles leichter, doch da hatte ich meist schon aufgegeben. Statt dessen ging ich schwimmen, so oft es mir möglich war, und machte meine Gymnastik unter Wasser, wo die Minderung der Schwerkraft alle Anstrengungen erleichterte. Der ideale Sport für Schwergewichtige also.

Gerade in der Anfangsphase meiner ernstgemeinten Abnahmeprozedur habe ich meine Wohnung kaum verlassen, um mich in Ruhe auf die neue Ernährungsweise umzustellen. Einladungen sagte ich mit kreativen Ausreden ab, denn etwas so Banales wie eine Diät wurde als Begründung selten angenommen. Ich aber wollte keinesfalls Gefahr laufen, mich an verführerischen Leckereien zu vergehen. Man ist nicht besonders willensstark während dieser Zeit. Das wird man erst, wenn man die ersten zwei, drei Wochen überstanden und durch eine deutlich sichtbare Gewichtsminderung Erfolgserlebnisse gewonnen hat. Wie sonst wäre es zu erklären, daß die meisten Diäten schon nach ein paar Tagen wieder abgebrochen werden?

Auch übermäßiger Streß kann keine gute Basis für die anfängliche Konsequenz einer Diät sein. Nach einigen diesbezüglichen Niederlagen ist es mir nie wieder in den Sinn gekommen, meine Essensgewohnheiten etwa während einer Tournee oder einer Plattenproduktion einzuschränken. Statt dessen habe ich zu Beginn meiner Kuren stets viel gelesen, gute Musik gehört, lange Spaziergänge gemacht, bin öfter ins Theater oder in die Oper gegangen oder habe mich sonstwie auf angenehme Weise abgelenkt und verwöhnt. Ideal zum Start ist ein Kuraufenthalt in einer schönen Umgebung und in einem angenehmen Hotel.

Da mein Lebensrhythmus, wie schon erwähnt, anders ist, findet mein Frühstück meist um die Mittagszeit statt. In den ersten paar Tagen verzichtete ich ganz auf Kohlenhydrate und begnügte mich mit Tee und etwas gekochtem Schinken oder zwei weichen Eiern im Glas. Die Zubereitungsart der Eier ist übrigens unerheblich, soweit man kein Mehl für ein Omelett beifügt. Ich hätte auch ein Steak oder ein Hühnchen essen können, aber um diese Zeit reizte mich sowas nicht. Nach einer knappen Woche genoß ich meinen üblichen Frühstückskaffee und aß dazu ein kleines Brot, das ich wie gewohnt mit Butter bestrich und entweder mit Radieschen, grünem Paprika, Käse, Eiern oder Schnittlauch belegte. Wenn ich Eier aß, verzichtete ich mit Ausnahme von Butter auf den Brotbelag. Später, wenn die Lust auf Süßes deutlich wurde, gestattete ich mir hin und wieder auch einen Teelöffel Honig aufs Brot. Wem sein Müsli heilig ist, könnte es anstatt des Brotes essen, sofern es nicht mit Rosinen und Schokoladenstückchen verfeinert ist.

Wer sein Frühstück aus gegebenem Anlaß einmal ganz nobel gestalten will, der kann sich und seinem Partner nach einer atemberaubenden Nacht auch einmal ein Kaviarfrühstück mit etwas Toast und einem Glas Champagner auftischen. Meine Sache ist dies am Vormittag noch nicht, und so richtig „verdient" hätte sich das bislang auch keiner.

Dem Stoffwechsel und natürlich auch meiner Laune kam diese morgendliche Ausnahme meiner selbst auferlegten Kohlenhydratminderung sehr zugute, doch achtete ich darauf, öfter ein reichhaltiges Mehrkornbrot zu essen als eine Semmel, die an Nahrungswerten nicht viel zu bieten hat. Diese kleine Zufuhr an Ballaststoffen, die auch in Gemüse und Salat enthalten ist, schützt, wie ich mir sagen ließ, vor Darmträgheit und führt dem Körper wichtige Mineralstoffe zu. Für den Rest des Tages habe ich allerdings weder Brot noch Semmeln angerührt. (Auch nicht nachts vor dem Fernseher.) Milch habe ich nur in jenen kleinen Mengen genossen, die ausreichten, den Kaffee zu blondieren. Rahm (Schlagobers, Sauerrahm) habe ich mir maßvoll, vor allem zum Verfeinern der Speisen gestattet. Zwar ist Sahne eine extreme Fett- und Kalorienbombe, doch ohne die Verbindung von Kohlenhydraten ist sie harmlos, wenn man vom Cholesteringehalt absieht. Zudem hat sie – im Gegensatz zur Milch – keinen Milchzucker. Kuhmilch soll als Getränk schon wegen der Milchsäure gar nicht so gesund sein wie ihr Ruf, wie einige Ärzte in letzter Zeit immer wieder versichern. Das wertvolle Calcium und weitere Mineralstoffe kann man auch über andere Nahrungsmittel gewinnen. (Die Milchwirtschaft wird mich ob dieser Aussage möglicherweise zu Topfen verarbeiten.)

Die verminderte Kohlenhydratzufuhr bewirkte, daß ich nicht so bald wieder hungrig war, und das war wahrlich der angenehmste Aspekt dieser Kur. An „guten Tagen" habe ich zum Frühstück gut und gern zwei bis drei üppig belegte Brote oder Semmeln, Orangensaft, süßen Fruchtjoghurt und nicht selten auch süße Mehlspeisen verzehrt, ohne mich zu schämen. Schon nach kurzer Zeit aber hatte ich wieder ein starkes Hungergefühl. Hielt ich mich hingegen an meine Diätordnung, so verspürte ich bis zum Abend oft gar kein Bedürfnis zu essen. Wenn doch, dann genügte mir meist ein frisches Stück Obst, wobei ich süße Sorten und Bananen (enthalten Kohlenhydrate) mied und Äpfel wegen ihres hohen Nährwertes bevorzugte. Als Zwischenmahlzeit eigneten sich auch ein paar Schinkenblätter, ein Stück Fleisch oder Käse.

Mein „Mittagessen" fand durch meine individuelle Lebensweise erst abends statt, wobei ich während der Abmagerungskur darauf achtete, nicht allzu spät zu essen. Es ist ja allgemein bekannt, daß man seinen Magen kurz vor dem Schlafengehen nicht belasten soll. Der meine hatte immerhin bis nach Mitternacht seine Verdauungschance.

Wenn man in Betracht zieht, daß Fleisch, Fisch, Gemüse und Salate erlaubt sind, ist das Angebot reichhaltiger, als man denkt. Am unkompliziertesten war es für mich, selbst zu kochen, wobei ich mit der Zeit Fantasie entwickelte und meine Freunde manchmal nicht schlecht staunten, was ich denn alles aß und dennoch abnahm. Da man Fleisch und Fisch in jeder beliebigen Menge essen durfte, gerieten meine Portionen auch nicht gerade klein. Meist aber war der Gusto größer als der Hunger, und ich scheute mich nicht davor, auch einmal was übrig zu lassen, im Gegensatz zu früher, wo ich nachher auch noch die Reste meiner Gäste heimlich fraß. Da ich nun zwischendurch auf Wurstsemmeln, Hamburger, Toasts, Pizza, Würstel, Kuchen, Schokolade und ähnliche „Mäster" verzichtete, paßte sich auch mein Magen den nicht mehr zugeführten Gegebenheiten an, wurde kleiner und konnte daher allzu große Mengen nicht mehr aufnehmen. Während meiner Schlemmermonate führte ich interessehalber einmal darüber Buch, was ich an einem einzigen, ganz normalen Wochentag alles gegessen hatte, gedankenlos und ohne wirklich Hunger gehabt zu haben. Ersparen Sie mir die Liste, sie würde einige Seiten füllen! Hätte ich, wann immer ich satt war, die Nahrungsaufnahme abgebrochen, so hätte ich bestimmt keine Diät dieser Welt nötig gehabt, niemals säurebindende Magentabletten schlucken müssen und Miniröcke getragen.

Wer ein Suppenfreund ist wie ich, darf bei der „Werger-Diät" ruhig zuschlagen. Einige Regeln sind jedoch zu beachten: Die klassische Rindsuppe mit Markknochen und allem Drum und Dran ist erlaubt, jedoch sind Grießnockerl, Nudeln, Leberknödel und andere typische Einlagen mit Mehl- oder Stärkegehalt aus dem Geiste zu ver-

56

bannen. Es macht sich allerdings gut, wenn man das mitgekochte Wurzelwerk, Gemüse und Fleisch kleinschneidet und somit auch optisch „was drinnen hat" in der Kraftbrühe. Ich mußte mich sehr zusammennehmen, mich nicht am Knochenmark mit getoastetem Schwarzbrot, Knoblauch, Salz und Pfeffer zu vergessen, weil es mir unmöglich war, das Mark pur zu essen. Dafür fühlte ich mich jedesmal wie ein Heldin, wenn es übrigblieb. Hühnersuppen handhabe ich ebenso. Einbrennsuppen können der guten Sache schon wegen der Stärke nicht dienen. Statt dessen pürierte ich das gekochte Gemüse, tat etwas Suppe dazu und verfeinerte mit Rahm. – Köstlich!

Wenn es Rindsuppe gab, stand logischerweise auch Rindfleisch auf der Speisekarte. Ich wählte stets leicht durchzogenes, saftiges Fleisch und aß als Beilage Sauerkraut oder etwas Weißkraut mit angebratenen Speckwürfeln, Blatt- oder Cremespinat. Steaks und Rostbraten aß ich in vielen Varianten, wie etwa mit Pfeffersauce (mit Cognac und Rahm abgeschmeckt), Zwiebeln und Champignons, Fisolen im Speckmantel, mit Käsekruste oder einem Ei. Zum Braten verwendete ich soviel Öl, Schmalz oder Butter, wie eben nötig war, um eine schöne Bräune und einen ordentlichen Saft zu erzielen. Auch der Salat bekam sein übliches Fett ab, ohne daß ich sehr übertrieben hätte. Die

Schweinsstelze mundete mir auch „nur" mit Sauerkraut, ohne Knödel oder Kartoffeln, auch wenn dies lediglich eine Portion für „normale Esser" war, weil man soviel Fett ohne die klassischen Bindebeilagen nicht hinunterkriegt. Lieber briet ich mir ein Karree, weil es mir bekömmlicher schien. Häufig stand jedoch Schweinefleisch aus allseits bekannten, gesundheitsbedenklichen Gründen nicht auf dem Plan, obwohl mich der Verdacht nicht losläßt, daß die arme Sau zu Unrecht boykottiert wird. Ich persönlich finde Schweinefleisch saftiger und manchmal schmackhafter als Kalbfleisch, und gestorben bin ich auch noch nicht davon.

Gerne aß ich Grill- oder Paprikahähnchen mit grünem Salat, Kalbshaxenscheiben in Tomatensauce, mit Kräutern und Champignons gefüllten Kalbsrollbraten, Bries in Butter mit Gemüse, Ente mit etwas Rotkraut, junges Wild mit Wurzelsauce und Steinpilzen, in Butter gebratene Kalbsleber mit Frühlingszwiebeln und Salat, Lammkoteletts oder Lammeintopf mit viel Zwiebel und Gemüse, in Knoblauchbutter gebratene Hummerkrabbenschwänze mit Lauch, Kräuterforelle, Miesmuscheln im Kräutersud, Seezunge, Hummer und andere Köstlichkeiten. Später werde ich gerne einige Rezepte verraten, die meist keinen großen Aufwand erfordern.

Hatte ich keine Lust auf Fleisch oder Fisch, so machte ich mir auch einmal einen Gemüseteller, Spinat mit Ei, Karfiol mit Butter und Käse überbacken, einen großen, frischen Salatteller (eventuell auch mit angebratenen Speckwürfeln, Briesstückchen oder Huhn), oder ich naschte einfach nur ein wenig vom Käse.

Meist hatte ich nach der Hauptmahlzeit keinen Hunger mehr, wenn ich auch die Lust auf etwas Süßes nicht bestreiten konnte. Nach einer Weile aß ich eine frische Frucht, wobei auch künstlich gesüßte Früchte (z. B. Erdbeeren) mit etwas Schlagobers zulässig waren. Das widersprach in diesem Fall den allgemeinen Regeln der „Trennkost", die Obst als Abschluß eines Menüs aus verdauungstechnischen Gründen nicht erlaubt, sondern nur mindestens eine halbe Stunde davor oder als Extramahlzeit ohne Verbindung mit anderen Gerichten. Aber ganz ehrlich: Ich habe mich, wollte ich meinen Gusto auf etwas Süßes auf halbwegs vernünftige Weise mit Obst befriedigen, nicht darum gekümmert und auch keine Probleme damit gehabt. Jedoch habe ich nie mehr als zwei Früchte pro Tag gegessen und nach der Hauptmahlzeit ein bißchen zugewartet. Auch Fruchtzucker ist Zucker, wenn auch bekömmlicher als weißer.

Außer Obst fand meine Kreativität leider keiner-

lei Dessertvarianten, was eine „Schokoladenorgie"
nach mehreren Wochen regelrecht vorprogram-
mierte. Nach dem ständigen Zuckerentzug kann
der Blutzuckerspiegel schon einmal überdurch-
schnittlich absinken und einem die süßesten Träume von Cremeschnitten, Mousse au chocolat,
Hefezöpfen oder Punschkrapfen bescheren. Das
war dann der Zeitpunkt, wo ich mir morgens vor-
beugend Honig anstatt anderer Sachen aufs Brot
schmierte, was zwar meine naschhaften Fettzellen
zu großen Hoffnungen animierte, sie aber nur
kurzfristig befriedigte.

Das „fast normale" Frühstück und das reichhaltige
Angebot zu meinen Hauptmahlzeiten trösteten
mich über die karge Auswahl der Nachspeisen
hinweg. Dafür hatte ich bis Mitternacht keinen
Hunger mehr und knabberte beim Lesen, Schreiben oder Fernsehen höchstens einmal versonnen
an süßsauren Essiggurken (mit künstlich gesüßtem Essig!) oder einem Stück Hartkäse. Wurde ich
zu Präsentationen oder sonstigen Feierlichkeiten
eingeladen, so kochte ich abends nicht, weil ich
auf dem meist reichhaltigen Buffet genug zu finden hoffte, was mir erlaubt war, wie etwa Lachs in
Dill- oder Senfsauce, Krabbencocktails, gefüllte
Avocados, Rohschinken, geräucherte Forellen mit
Oberskren, Salat, Gegrilltes und Früchte. Je später der Abend war, desto zurückhaltender langte

ich zu. Satt wurde ich jedoch immer, und meine Laune war, so mich keiner geärgert hat, nicht schlechter, als die der übrigen Anwesenden. Wenn ich ihnen von meiner Kur erzählte, starrten sie manchmal ungläubig auf meinen Teller, maßregelten mich, daß ich dies und jenes gar nicht essen dürfe, und gingen mir ziemlich auf den Geist. Sagte ich nichts, so merkten sie nach einigen Wochen, daß mein Gesicht schmaler, mein Doppelkinn und alle übrigen Wölbungen kleiner geworden waren, daß ich schicker angezogen war, erholt wirkte und meine Augen strahlten. Und dann glaubte plötzlich jeder an meine Diät und wollte Genaueres darüber wissen, was mitunter ein Grund für mich war, dieses Buch zu schreiben.

Der Vorteil meiner Diät liegt sicherlich in der Abwechslung und Reichhaltigkeit der Speisen, dem praktisch nicht vorhandenen Hungergefühl, der guten Verträglichkeit, dem körperlichen Wohlbefinden und dem relativ schnellen Erfolg bei Standhaftigkeit. Doch möchte ich unbedingt jedem, der diese Diät versuchen möchte, eindringlichst nahelegen, vorher einen Arzt zu konsultieren. Da ich lediglich an mir selbst positive Erfahrungswerte sammeln konnte, kann und will ich keine Verantwortung für andere übernehmen.

Meine Ärzte haben zwar gegen diese Art der Reduktionsform nichts einzuwenden, weil sie meine Körperfunktionen regelmäßig kontrollieren, aber bekanntlich reagiert nicht jeder Organismus gleich auf Veränderungen.

Der Nachteil verdeutlicht sich nach einer geraumen Zeit in der unbändigen Sehnsucht nach Süßem und generell Verbotenem, wie Reis, Nudeln, Kartoffeln und so weiter. Ein bißchen zu leiden hat man wohl bei jeder Diät, aber damit kann man in unserem satten Wohlstandsmilieu durchaus fertig werden.

Ich habe mich in Krisenzeiten stets selbst überlistet und etwas besonders Delikates aus der positiven Speisenliste gekocht, oder ich besuchte das „Do & Co", das beste Fischrestaurant der Stadt, und verspeiste dort hingebungsvoll ein paar Austern und einen ganzen Hummer. Zwar hatte ich danach manchmal ein schlechtes Gewissen vor dem lieben Gott, aber er verzieh mir, weil ich so schrecklich dick war und meine Diät dadurch wieder einen festen Stand bekam.

Während der ersten Woche meiner Fastenzeit habe ich meist vier Kilo (in jungen Jahren sogar einmal fünf) abgenommen, in der zweiten Woche weitere zwei und nach dem ersten Monat insgesamt acht bis neun Kilo, je nachdem, in welcher Verfassung ich war und wie streng ich mich an meine Regeln hielt. Des weiteren konnte ich damit rechnen, wöchentlich etwa ein, manchmal auch nur ein halbes Kilo abzuspecken. Vor der Monatsblutung konnte es passieren, daß ich – ohne mir einer Sünde bewußt zu sein – ein Kilogramm zugenommen hatte, was eine vermehrte, durch den Zyklus bedingte Wasserspeicherung des Körpers bewirkte. Nach der Regel normalisierte sich das Gewicht wieder.

Ein Mensch mit wenig Übergewicht wird nicht so schnell abnehmen wie ein korpulenter. Wer aus gesundheitlichen Gründen größere Mengen Kortison oder Calcium nehmen muß, wird sich ebenfalls schwerer tun, weil diese Medikamente vermehrt Wasser im Körper binden und eine Abnahme verzögern. Auch bei Menschen über Vierzig geht das nicht mehr so schnell wie im Teenageralter, aber es hat ja schließlich auch seine Zeit gedauert, bis man seine Wogen so mächtig hingekriegt hat.

Es scheint mir während der Abnehmphase wichtig, sich täglich um die gleiche Zeit (am besten vor der ersten Mahlzeit) zu wiegen, um den Verlauf genau zu kontrollieren und mögliche Fehler zukünftig auszuschließen. Zeigt das Meßgerät

63

einmal mehr an als erwartet: durchhalten! Sowas
kann übrigens auch ohne Fehler passieren. Die
Waage sollte auf Genauigkeit überprüft sein und
auf einem festen, ebenen Boden stehen. Mit digi-
talen Geräten habe ich weniger gute Erfahrungen
gemacht, weil sie nach mehrmaliger Besteigung
im gleichen Zeitraum immer etwas abwichen.
Sprechende Waagen aber vermied ich, da ich
schließlich nicht blind bin, strikte. Eine unmode-
rate, gefühllose Computerstimme, die mich auf
leeren Magen möglicherweise auch noch maßre-
gelt, könnte mich zur Weißglut bringen, und das
Ding würde mit voller Wucht durch das doppelte
Isolierfenster in den Hof fliegen.

Ich fühlte mich mit jedem Kilo, das von mir
schmolz, wohler, hatte keine gastritischen Ma-
genprobleme mehr, wurde beweglicher, fröhli-
cher, wacher und damit auch kreativer. Meine
Haut blieb elastisch, weil sie offenbar an mein
ständiges Auf und Ab gewöhnt war und gut ver-
pflegt wurde. Mein Äußeres änderte sich bald,
und ich wechselte die langweiligen Hänger mit
farbenkräftigen, gutgeschnittenen Blazern, trug
Leggings, gewagtere Dekolletés, langersehnte
Seidendessous und schließlich sogar Röcke. Ich
schminkte mich, auch wenn ich nur über die Gas-
se einkaufen ging, probierte einen neuen Haar-

64

schnitt aus und flirtete – nachdem sich meine un-
keuschen, erotischen Geister vermehrt wieder
eingefunden hatten – was das Zeug hielt. Mein
Verhalten wurde offener und fraulicher, ohne diese verkrampfte „Was soll einen Mann an mir
schon reizen?"-Einstellung. Die Menschen gingen
auf mich zu und tuschelten weniger. Vor allem
aber aalte ich mich eitel, wenn man mir Kompli-
mente machte, die meine neue Erscheinung betra-
fen und sich zunehmend häuften. Das eine wie
das andere summierten meine Hochstimmung,
und ich schwor mir, nie mehr in meinem Leben in
die Nähe der „dreistelligen Dimension" zu gera-
ten. Weder aus Frust noch aus Lust, denn diese
neue, pure Lebensfreude die ich empfand, war –
zumindest damals – attraktiver als die gesammel-
ten Dessertvariationen aus Meisterhand.

In einem Jahr schaffte ich eine Gewichtsabnahme
von sechsundzwanzig Kilo. Von da an ging's wieder bergauf – aber das ist ein anderes Kapitel.

Im Kurhotel

Wer sich in den Anfängen einer ernstgemeinten Diät nicht auf seinen starken Willen verlassen möchte und eine kontrollierte Gewichtsreduktion unter Gleichgesinnten vorzieht, begebe sich für einige Wochen in ein gutes Kurhotel.

Das Angebot renommierter Häuser beschränkt sich natürlich nicht nur auf verschiedene Diätformen, es versucht vielmehr, ein ganzheitlich gesundes Körperbewußtsein zu vermitteln, wobei ein Kurarzt über die individuellen Behandlungsformen entscheidet und diese auch überwacht. Dazu gehören im allgemeinen Massagen, Gymnastik, Blutbehandlungen, Darmwäschen, Bäder, Körperpackungen, Kneipp- und Sauerstofftherapien sowie andere Kleinmartyrien.

Krankenkassen übernehmen diese Leistungen nur, wenn ein gesundheitliches Problem den Kuraufenthalt erforderlich macht, wobei meist auf ein krankenhausähnliches, den seelischen Bedürfnissen kaum entsprechendes Institut verwiesen wird. Nur um des Abnehmens Willen muß man schon zumindest soviel auf den Rippen haben wie ich, um der Privatkasse glaubhaft zu machen, daß sowas nicht gesund sein kann. Zudem hatte ich den

67

Vorteil, daß ich mir meine „Folterkammer" selbst aussuchen durfte. Freilich gibt es auch hierzulande ein paar schwarze Schafe unter den Hotelmanagern, die hauptsächlich darauf bedacht sind, ihre Registrierkassen durch überhöhte Preise zu füllen, während die Mägen der Gäste leer bleiben und auch sonst an sinnvoller Unterstützung nicht viel geboten wird. Aber sowas spricht sich schnell herum. Es bedurfte vieler Anregungen, bis ich das Kurhotel fand, das meinen Wünschen und Bedürfnissen gerecht wurde.

Man empfahl mir ein wirklich schönes Biohotel in Obermillstatt (Kärnten), das damals hauptsächlich von deutschen Gästen besucht und in Österreich noch als Geheimtip gehandelt wurde. Dieses Hotel wird von einer überaus harmonischen und reizenden Familie geführt, die stets ein Gefühl der Geborgenheit und des Friedens ausstrahlt und weder Zwist noch Unmut zu kennen scheint. Sie gibt ein beispielhaftes Vorbild ab, denn keines der Familienmitglieder trägt ein Gramm zuviel auf seinem Körper. Vom Opa bis zum Söhnchen hat jeder eine makellose, pfirsichfarbene Haut, strahlende Augen und gute Laune. Wenn ich sie mit den streßgeplagten Stadtfamilien verglich, die nebenan mit Grauschleierblicken dinierten und sich kaum was zu sagen hatten, überlegte ich schon manchmal, ob es nicht vielleicht doch sinn-

voll für mich wäre, einen g'standenen Naturbur-
schen aus den Bergen zu heiraten. Ein Lift müßte
halt in der Nähe sein, ein Supermarkt, ein Theater, ein Kino, ein Beisl, ein Flughafen, ein . . .
Die „Oma", die wie alle anderen Familienmitglieder gesund, humorvoll und beschämend agil war,
hörte sich die Basis meiner Diät sehr genau an und
hatte nichts dagegen einzuwenden, daß ich diese
Kur auch in ihrem Hause weiterführte. Also gab
ich dem viel zu schlanken, aber liebenswerten
Koch genaue Instruktionen und mußte – im Gegensatz zu den anderen Gästen – keine Körndl
essen, auch wenn mir immer wieder nahegelegt
wurde, wie gesund sie sind. Lift gab es keinen zu
meinem stets hochgelegenen Zimmer, denn das
erste Gebot dieses Hauses war, seine Beine in die
Hand zu nehmen.

Da ich in Leidenszeiten stets eine indianische
Schmerzverleugnung beweisen wollte, schloß ich
mich bereits am nächsten Morgen um – sage und
schreibe – sieben Uhr mitteleuropäischer Zeit einer bewegungswilligen Schar an, die laut empfoh-
lenem Fitneßplan die „kleine Morgenrunde" gehen wollte. Auf der Wanderkarte sah diese Route
recht niedlich aus. Ich war absolut furchtlos, weil
sich dieser Gruppe, die der sündhaft gutaussehende Schwiegersohn des Hauses anführte, auch

ein paar alte, schon etwas gebrechliche Damen am Stock angeschlossen hatten.

Es begann damit, daß nicht gegangen, sondern erst einmal flott gelaufen wurde, mit viel gymnastischem Hin und Her, Auf und Ab, Vor und Zurück, Hände nach oben, Knie gebeugt, Kopf nach hinten, Strecken, Einatmen, Lockern, Ausatmen, Weiterlaufen. Artig versuchte ich, alles mitzumachen und torkelte wie eine alte Eselin hinterher. Schon nach fünfhundert Metern blieb mir die Luft weg, aber ich nahm mich zusammen. Der eisige Morgenfrost schnitt wie ein Fleischermesser in meine Raucherlunge, während unter meinem Parka ein kaltes Rinnsal über die Schulterblätter kroch. Nach etwa einem Kilometer dachte ich, daß nun die „kleine Morgenrunde" bald zu Ende sein müsse, als ich eines Besseren belehrt wurde. Ich sah meine Mitspazierer plötzlich einen engen, steilen, Schluchtweg hinabgehen, behend und leicht und mit einem mir unverständlichen Frohmut. Ich folgte ihnen über Stock und Stein, über Schneehaufen, Eisplatten und sonstige Hindernisse. Schneebehangenes Geäst schnalzte mir ins zitronensorbetfarbene Antlitz, und meine Hände, die immer wieder an den gefrorenen Weiden Halt suchten, waren bald starr wie tiefgekühlte Dauerwürste. Einmal rutschte ich aus und brach mir fast das Kreuz, als mich der schöne Schwiegersohn

70

mit seinen männlichen, starken Armen wieder auf die Beine brachte. Ich war geneigt, nach einer neuen Rutschgelegenheit zu suchen. Endlich waren wir unten angelangt und gingen auf einen zugefrorenen Bach zu, in dessen dicke Eisschicht ein – wahrscheinlich heimlich und in böser Absicht – satellitenschüsselgroßes Loch hineingehauen war. Und nun geschah das Unfaßbare: Die Leute sammelten sich vor dem Loch, zogen plötzlich Schuhe und Socken aus, und wateten mit bloßen Füßen freiwillig über das Eis, direkt in das Loch hinein, ins eisige Wasser. Sie stießen spitze Schreie aus und sagten: „Brrr!" oder „Huhh!" oder „Uiii!", blieben aber noch eine ganze Weile im Minus, als wären sie angeklebt. Als ich mich vergewissert hatte, daß keine einzige Person dem Herztod erlegen war, tat ich es ihnen todesmutig gleich, obwohl keinerlei Preise dafür ausgesetzt waren. Mein Image erlaubte mir nicht, hier feige herumzustehen. Als ich im Wasser stand, hatte ich ein kurzes Blackout und ich mußte an Sibirien denken, in dessen Nähe einst mein Vater als Kriegsgefangener vegetierte. Er hat mir erzählt, daß dort seine Spucke augenblicklich gefror, sobald sie aus dem Mund war.
Als ich, ohne eine Gelegenheit, mich abzutrocknen, wieder in Socken und Schuhe schlüpfte, war ich überaus erstaunt darüber, wie schnell sich mei-

ne Füße wohlig warm wie selten zuvor anfühlten. Ich ließ mir von unserem „Spazierführer" die Kneippschen Weisheiten erläutern und stellte die Tatsache in den Wald, daß man Schmerz immer als angenehm empfindet, sobald er nachläßt. Schließlich aber mochte ich nicht mehr lange diskutieren, denn von nun an ging's bergauf. Ich kam nur sehr langsam voran, keuchte, spuckte, hustete, stolperte und fluchte. Immer wenn ich stehenbleiben mußte, um nach Luft zu ringen, dachte ich an Umkehr, aber das schien sich nicht mehr zu lohnen. Die alten, „gebrechlichen" Damen waren mittlerweile schon ganz oben am Berg und winkten mir freundlich mit den Stöcken. Ich starb fast vor Scham. Als mir die Tränen bereits in den Augen standen, kam der verbotene Schwiegersohn besorgt zu mir zurück, legte seinen Arm um meine Schultern und redete sehr liebevoll auf mich ein. Mir war dies eher peinlich, denn durch meine ungelenken, alpinen Gehversuche kam ich mir vor wie ein Pflegefall. Ganz leise schwor ich etwa den achtundsechzigsten Meineid, mir das Rauchen abzugewöhnen. Nicht eine Sekunde dachte ich mehr daran, den hübschen Kerl neben mir seitwärts in den Wald zu locken. In den folgenden Tagen, als ich den Schock überwunden hatte, ging ich mittags – da ich sicher sein konnte, daß mir keiner folgte, weil alle zu Tisch saßen –

dieses unwegsame Gelände allein. Ich brauchte auch ohne gymnastische Verrenkungen und Kneippsche Mutproben etwa doppelt so lange. Dafür aber genoß ich die Stille dieser herrlich schönen Winterlandschaft, dachte über Gott und die Welt nach und atmete meinen Kopf frei für neue Inspirationen.

Abends saß ich oft mit den übrigen Gästen vor dem offenen Kamin. Die meisten Frauen beschäftigten sich mit irgendeiner Handarbeit. Überhaupt war fast alles in diesem Hause von Hand gestrickt, gestickt, gehäkelt oder gebastelt, wie beispielsweise Bilder, Tischdecken, Polsterbezüge, Teppiche, Vorhänge, die Hüllen der Speisekarten oder Informationsmappen, kleine Püppchen und Stoffhexen oder zierlich gehäkelte Herzchen an Blumenstöcken. Ja sogar die Klopapierhalterungen waren mit Blümchen bestickt, was dem Kitsch keine Grenzen mehr setzte. Die deutschen Gäste ergötzten sich mit den Worten „Ach guck mal, wie süß!" daran, und mich störte das nicht. Vielmehr ließ ich mich anstecken und bestickte mehrere Sets, eine Tischdecke und einen Polsterbezug für meine Bauernstube mit „Kärntner Nelken", alles mit Kreuzstichen. Hierbei mißachtete ich jedoch das Gesetz, wonach die sogenannten Deckstiche alle nach rechts in eine

Richtung führen müssen, weil dies meiner politischen Gesinnung widerstrebt. Aus diesem Grunde habe ich auch kein blaues, sondern ein rosafarbenes Garn gewählt, und meine Stichführung war sogar auf der Rückseite kerzengerade und sauber. Die bildschöne Ehefrau des Schwiegersohnes bestickte gerade eine Hinweistafel mit der Aufschrift: „Jeder ist uns lieber Gast, der im Haus das Rauchen laßt!" Bei dem Wort „Rauchen" qualmte ich noch höflich in die andere Richtung, als sie aber das Rufzeichen bearbeitete, blies ich ihr aufs Leinen.

Wenn wir so beieinandersaßen, holte der rüstige „Opa" gerne seine Gitarre hervor und versuchte mit den Bayern, den Hessen, den Schwaben und den Franken schöne, traurige Kärntnerlieder zu singen. Für diese meist an tanzbare, deutsche Schlager gewöhnten Menschen war sowohl der Dialekt wie auch die unergründliche, herzzerreißende Traurigkeit der Lieder ein exotisches Phänomen. Erst das hausgemachte Schnäpschen brachte wieder Vertrautheit in die Runde.

Ich habe mich in diesem Hotel stets gut erholt und meinen sportlich neutralen Körper für einige Zeit wieder auf Touren gebracht. Erst als mir bekannt wurde, daß ein generelles Rauchverbot ausnahmslos für das ganze Haus ausgesprochen wurde, zog ich es vor, mich ohne Gram zu empfehlen.

Die gewaltsame Enthaltsamkeit der Giftstengel
hätte mich während der Kur mehr in Streß, als in
Entspannung versetzt. Auch wollte ich meinen
Verdacht nie bestätigt wissen, daß aus diesem
freundlichen Biohotel eines Tages ein handge-
stricktes Sanatorium werden könnte.

Während meiner Tourneen beschnupperte ich für
ein, zwei Nächte so manches Kuretablissement,
doch hatten die meisten Hotels eine gewisse
Krankenhaus- oder Klosteratmosphäre mit sata-
nisch strengem Kurpersonal. Andere wieder hatten sich zum Schickeriatreff entwickelt. Dort gingen die Damen im Designeranzug perfekt ge-
schminkt zur Massage oder ins Schwimmbad und
legten auch in der Sauna ihre güldenen Klunker
nicht ab, was freilich dazu führte, daß sie sich am
heiß gewordenen Edelmetall die Haut verbrann-
ten. Mit dem Kurarzt waren sie meist per Du und
klagten über eingebildete Wehwehchen, was ihnen zumindest verbale Streicheleinheiten und
dem Kurarzt ein erhöhtes Einkommen bescherte.
Die Herren „Schickis" hingegen näselten fast ausschließlich vom Golfen, oder sie priesen ihren
teuren Lodenschneider. Die scheinbar Erfolgrei-
chen unter ihnen hatten selbst während der
Darmwäsche ihr Mobiltelefon in Reichweite.
Das alles würde mich ja nicht unbedingt schrek-

ken oder davon abhalten, mich einzuquartieren, weil mir diese Leute ja im Grunde alle nichts tun und eher harmlos sind. Jedoch mangelt mir an jeglichem Verlangen, morgens im schlichten, aber bequemen Jogginganzug, mit wirrer Nichtfrisur und erschlafftem, unbemaltem Gesichtsausdruck den Bundeskanzler, den Falco, den Boulevardier oder den Grafen Sowieso beim Frühstück anzutreffen.

Durch Empfehlung eines guten Freundes lernte ich schließlich das „Alpenkurhotel Gösing" kennen. Der Ort liegt nahe bei Mariazell in der Steiermark und ist von Wien in etwa anderthalb Stunden zu erreichen. Er besteht aus einem Bahnhof, einer Post und dem besagten Hotel mit einer weiter oben gelegenen Dependance, wobei sich die Post direkt im Hotel befindet. Soweit das Auge blicken kann, sieht man sonst nur herrliche Wälder, Wiesen und Berge. Keine Industrie, keine Autos, kein Gestank, kein Lärm – nur diese traumhaft schöne Landschaft. Und das Allerwichtigste: Es gibt – mit wenigen Ausnahmen – ebene, gepflegte Spazierwege. An auserwählten, sonnigen Plätzen waren Holzbänke aufgestellt, von denen aus man die ganze Naturpracht bewundern und die Stille genießen konnte. Die eine Ausnahme führte steil bergab. Diesen Weg ging ich ganz besonders gern, weil es nämlich ganz unten im Tal eine freundliche Bauernwirtin gab, die mir immer einen herrlichen Most auftischte. Wenn mein innerer Schweinehund nicht locker ließ, aß ich auch einmal ein himmlisches „G'selchtes" zusammen mit Kren mit dem mir streng verbotenen duftenden Bauernbrot. Wäre ich den ganzen Weg bergauf wieder zurückgegangen, hätte die Waage am nächsten Tag wohl gnädig den Zeiger stehen lassen, statt dessen aber rief ich den Hoteldiener an und ließ mich mit dem Lieferwagen abholen.

Das Hotel ist ein sehr alter, weitverzweigter Bau, den man in jüngster Zeit zu modernisieren versucht hat. Möge dies der Hausherrschaft nie wirklich gelingen! Ich mag es, wenn beim Betreten eines dieser schönen, großzügigen Zimmer der Fußboden knarrt oder die Kastentüren. Ich liebe den Geruch des trockenen Holzes, die dicken Wände und die morschen Doppelfenster und freue mich darauf, in der steinalten Badewanne bis zum Hals zu versinken, ohne daß die Seitenwände mein Becken gegen den Nabel drücken. Überhaupt meine ich, daß die Menschen früher eher meine Statur gehabt haben müssen, weil fast alle alten Badewannen, Betten und Sitzgelegenheiten großzügiger gebaut wurden. Vielleicht deshalb, weil Diäten nicht so populär waren wie

77

heute und die Leute andere Sorgen hatten. Vielleicht aber hat man auch mehr auf die Bedürfnisse des einzelnen geachtet als auf den größtmöglichen Herstellergewinn, denn damals wurden Möbel noch so gebaut, daß sie Generationen überdauerten.

Die Satellitenanlage allerdings war mir eine recht willkommene Neuerung, weil ein Unterhaltungsangebot am Abend – außer einem wöchentlichen Kegelabend in einer weit entfernt gelegenen Ortschaft – so gut wie nicht stattfand.

Selbst wenn ein Gast keinerlei sportliche Betätigung ins Auge faßt, wird er, allein durch die Tatsache, daß die Kurabteilung und das Restaurant sehr weit auseinanderliegen, für den Hin- und Retourweg zwei bis dreimal täglich etwa zwei- bis dreihundert Stufen – treppauf, treppab – zu gehen haben, je nachdem, in welchem Stockwerk er wohnt. Um den Muskelkater braucht man sich keine Sorgen zu machen, weil sich die Masseure – eine hochqualifizierte Belegschaft von sadistischen Rohlingen – seiner annehmen. Zuvor übernimmt jedoch der dort ansässige Kurarzt eine Art Vorbehandlung, indem er in freudiger Erwartung jene anatomischen Stellen sucht, die am meisten weh tun. Mir massierte er den Brustkorb von hinten. In der Hoffnung, Gnade zu finden, ließ ich alle dort wirkenden Kapazitäten einmal mein sensibles Gebein bearbeiten, wobei ein überaus zierliches, weichherzig anmutendes Mädchen mir mit seinen bösen Fingerchen beinahe die Rippen brach. Man hörte mein Schreien und Fluchen sogar auf der weit entfernten Sonnenterrasse.

Wirklich begeistert aber war ich von der genialen Kochkunst des Küchenchefs Georg Frisch. Mit viel Fantasie und stets frischen, hochqualitativen Nahrungsmitteln zauberte er die köstlichsten Diätmenüs und berücksichtigte dabei auch meine individuelle Reduktionsform. So gut wie nie hatte ich bei Tisch das Gefühl, etwas zu vermissen, und dennoch verlor ich an Gewicht. Mir taten jene Kurgäste besonders leid, die nichts von der Kochkunst dieses begnadeten Mannes mitbekamen, weil sie trockene Semmeln essen mußten oder nichts anderes als eine klare Gemüsebouillon bekamen. Am liebsten hätte ich ihnen was von meinen Speisen abgegeben, wenn sie verstohlen und sehnsüchtig einen Blick auf meinen Teller warfen, aber ich durfte da nicht hineinpfuschen. Selbst jene, die die Nulldiät durchhielten, nahmen kaum mehr ab als ich, weil ihr Verdauungsapparat erlahmte. Was mich wirklich erstaunte, war, daß so ziemlich alle Kurgäste bei guter Laune waren oder sich zumindest gewisse Beschwerden kaum anmerken ließen. Auch wenn die Nullhelden manchmal über Kopfschmerzen und Schwindelanfälle klagten, waren sie stets freundlich und ließen manchmal sogar einen trockenen Scherz von den Lippen. Das nennt man Galgenhumor.

Der Tag unterlag einem festen Terminplan. Um halb sieben Uhr morgens ereignete sich an Wochentagen mit akademischer Pünktlichkeit das sogenannte „fröhliche Wecken", was ein unausgeschlafener Hausangestellter mit dem wilden Gebimmel seiner Glocke an jeder Zimmertür besorgte. Ich war schon oft im Leben um diese Zeit erst schlafen gegangen. Danach bekamen wir unser lauwarmes Bittersalz verabreicht und fanden uns zur Morgengymnastik ein, die etwa zwanzig Minuten dauerte. In ungeduldiger Erwartung des Frühstücks sah ich dabei unentwegt auf die Uhr. Es folgten die üblichen, mehr oder weniger erbaulichen Behandlungen. Mittags machte ich meist einen ausgedehnten Spaziergang, und nachmittags ging ich zirka eine Stunde schwimmen. Sauna und Dampfbad konnte man stundenweise für sich alleine mieten, was ich gerne in Anspruch nahm, nicht weil ich menschenscheu bin oder bieder, sondern weil ich im Ruheraum zwischen den Aufgüssen gerne eine Zigarette rauchte. Den Aschenbecher versteckte ich immer gut hinter dem langen Vorhang, und die sehr ordentliche Putzfrau hat ihn mit menschlichem Einfühlungsvermögen gelassen, wo er war.

Nach meinem stets herrlichen Abendessen, das von einem überaus freundlichen Personal gereicht wurde, ging ich meist fix und fertig auf mein Zimmer und konnte die Augen beim Fernsehen oder Lesen kaum offenhalten. Mit einer Wärmflasche im Bett schlief ich auch in sehr kalten Winternächten bei geöffnetem Fenster fest wie ein Murmeltier bis zum nächsten „fröhlichen Wecken".

Wer also beabsichtigt, während eines Kuraufenthaltes zu arbeiten, sollte seinen Laptop wie auch sein Mobiltelefon lieber zu Hause lassen. Ein sogenannter „Kurschatten" wäre da wesentlich sinnvoller.

Nach all den gesunden Strapazen, war ich – um einige Kilo erleichtert – meist doppelt so produktiv und bester Dinge, neue Herausforderungen anzupacken. Vor allem aber lachten wieder diese von mir heißgeliebten, frechen grünen Teufel aus meinen Augen.

Lust auf Liebe

Zugegeben, ich habe – zumindest öffentlich – nie etwas über mein Sexualleben verraten, weil ich der Meinung bin, daß selbst ein prominenter Mensch, der ja schon größtenteils der Öffentlichkeit gehört, das Recht auf eine gewisse Privatsphäre hat. Da jedoch ein etwas anrüchiges Monatsmagazin mein Dicksein in Verbindung mit Sex ahnungslos als „schweres Handikap" befunden hat, will ich mit intimeren Details nicht länger hinter dem Berg halten.

Während meiner jungen, schlanken Teenagerjahre, als mein Hintern noch nicht flächendeckend war und die Brüste in ihrer Zierlichkeit noch genügend Spielraum hatten, bei jeder Bewegung neckisch auf- und abzuhüpfen, machte ich mir oft Gedanken, ob denn der eine oder andere Mann mich um meiner selbst Willen verehrte oder nur wegen meiner wunderschönen, schulterlangen Haare und dem dazugehörigen Idealgestell. Da es mir immer noch lieber war, wegen meiner optischen Reize angehimmelt zu werden, als häßlich zu sein, wurden meine Bedenken erst dann zur nagenden Ungewißheit, wenn ich mich unsterblich in einen Mann verliebte. Nach einigen mehr

oder weniger flachen Beziehungen ließ ich mir aus purer Neugier die Haare schneiden, was bei den Herren einen allgemeinen Schock auslöste, und nach dem nächsten Liebesflop begann ich triebhaft zu schlemmen. Ich vernaschte mein ganzes Taschengeld und hatte auch viel Zeit dazu, denn als mein Körper sich mehr und mehr zu dehnen begann, wurde der Andrang geringer und ich saß an den Wochenenden öfter als sonst ohne Nachfrage zu Hause. Da ich diesen Umstand unmöglich darauf zurückführen konnte, daß der männliche Anteil in der Bevölkerung plötzlich geschrumpft war, hatte ich nun Gewißheit.
Aber so genau wollte ich es nun auch wieder nicht wissen.

Die Anständigen, die mich bedingungslos und womöglich auch ganz um meiner selbst Willen liebten, fand ich zum Gähnen langweilig. Ein ordentliches „Weib" nämlich – nicht zu verwechseln mit „Weibchen" – hat schon auch ein bißchen was Böses mit dem Manne im Sinn. Soll es sich meinetwegen nachher bekreuzigen.
Die vielbegehrten schlimmen Buben hingegen und die bis unters Hemd verdorbenen Mannsbilder kriegten mitunter das große Schlabbern, nur weil sie beide Hände dazu brauchten, meine Taille zu umfassen. Da ich aber keine Lust hatte, einen

„Schlabberer" zu verführen, schickte ich sie zu ihren filigranen Herzeigepüppchen zurück, bei denen sie glaubhaft den Stärkeren spielen konnten. Manchmal war mir – bei aller Unbescheidenheit – die Taube auf dem Dach lieber als „ein Spatz" in der Hand.

Dennoch kann ich nicht leugnen, daß es auch Zeiten gab, in der die körperliche Scheu eines Mannes mich mitunter sehr verletzen konnte, besonders dann, wenn mein Herz die Gesetze diktierte. Mein dadurch angekratztes Selbstwertgefühl konnte mit solcherlei Enttäuschungen noch nicht umgehen, und ich schrieb die Schuld einzig und allein meinem Übergewicht zu. Erst später erfuhr ich staunend, daß auch sehr viele schlanke, sympathische Frauen unter solch frustbildenden Hemmnissen zu leiden hatten. Als meine gutaussehende Freundin, die weiß Gott in keiner Weise „gehandikapt" ist, sich mit Geschichten dieser Art bei mir ausweinte, hat sie mir damit unbewußt auch einige Komplexe ausgetrieben. Ich gestehe, daß ich manchmal sogar richtige Freude beim Zuhören empfand, was ich ihr natürlich nie zeigte. Ich bin ja nicht lebensmüde!

Während eines ziemlich müßigen Jahres saßen wir wiederholt auf der Galerietreppe – wir nannten sie „Fruststiege" – in unserem Stammlokal, und grübelten, was wir wohl falsch machten. Wir waren gar nicht übertrieben anspruchsvoll. Im Grunde genommen wollten wir nur einen ganz normalen, liebenswerten Kerl, der weder den „eingesprungenen Rittberger" beherrschen, noch eine überdimensionale Prinzenrolle haben mußte. Für sogenannte „One-night-stands" hatte es allemal gereicht, aber Vollblutfrauen wollen eben nicht nur einen flüchtigen Engel, sondern mindestens den ganzen Himmel, ohne deswegen die mühsam erkämpften Privilegien aufgeben zu müssen.

Wenn mein Interesse für einen Mann ernsthafte Signale zeigte, schämte ich mich manchmal während der intimen Begegnungen meines fülligen Körpers und war – obwohl weiß Gott nicht prüde

– geneigt, das Schlafzimmerlicht auf die unterste Stufe zu dimmen. Mit schmucken Dessous konnte ich kaum dienen, weil, wie schon erwähnt, die Bekleidungsindustrie für Damenunterwäsche der molligen Kundschaft jegliche Erotik absprach. Hemmschwellen dieser Art führten manchmal dazu, daß ich nicht immer imstande war, mich „im freien Fall" hinzugeben, was die Harmonie einer Nacht sehr wohl beeinträchtigen konnte. Von einigen Bedauerlichkeiten abgesehen, kann ich dennoch guten Gewissens behaupten, daß bis heute keiner, dem ich soviel Nähe gestattete, unglücklich nach Hause gehen mußte.

Für viele Männer waren einige meiner Freundinnen und ich die geborenen Kumpel, bei denen sie selbst ihren instabilen Beziehungskram abladen konnten, denn bekanntlich geht's ja auch bei den Herrn nicht immer nur rosig zu. Sie weckten in ihrer – manchmal gut gespielten – Hilflosigkeit eine Art Mutterinstinkt in uns. Wir vermochten die bedauernswerten „Verlassenen" mit hochweisen Ratschlägen zu trösten, hatten für jede Wehleidigkeit ein passendes Rezept und konnten vor allem zuhören. Mit der Zeit aber konnten sie sich den „Kumpel" in die Haare schmieren, weil wir einfach keine Lust mehr hatten, als diese Art Müllschlucker herzuhalten.

Anders war es mit wirklichen Freunden männlichen Geschlechtes, die ein gesundes Verhältnis zum Geben und Nehmen hatten. Solche Verbindungen brachten oft eine beidseitige, sensible Bereicherung und verblieben in einer platonischen Koketterie, die eine überaus reizvolle Spannung zwischen uns aufbaute. Vielleicht aber lag der Reiz dieser Spannung gerade in ihrer gegenseitig gewollten Unlösbarkeit.

Sobald zu oft gehörte und gelesene Vorurteile wieder einmal meinen Zorn heraufbeschworen, war ich mit meinem sogenannten „Handikap" bereits wieder über dem Berg. Es widersprach meiner Selbständigkeit und meinem fortschrittlichen Status als Frau, mich nur deshalb mit einer Diät zu züchtigen, um dem anderen Geschlecht zu gefallen. „Mann" sollte mich nehmen wie ich war oder es bleibenlassen – aus fertig!
Ich huldigte allen „Rund, na und?"- und „Mollig ist schön!"-Parolen, freute mich über die Amerikanerinnen, die in einem spontanen Anflug von Diätfrust ihre Waagen zum Fenster hinauswarfen und (er)trug meine Optik in der stolzen Haltung der Freiheitsstatue. Das machte mich in vieler Augen sympathisch, ja, ich glaube sogar – sexy. Und schließlich kamen die Kerle, die sich sonst gerne mit lebenden Zahnbürsten zeigten und gestan-

88

den, wie erotisierend sie großzügige Weibesformen doch eigentlich fänden und wie gern sie diese auch spürten. Und weil ich – falls der Funke übersprang – aus hinterhältigen Gründen ein wenig ungläubig tat, bewiesen sie es mir nachher in aller Intensität und Deutlichkeit. Mit ihrem Feingefühl und rechtzeitigen „Zur-Sache-Kommen" waren sie für mich die ungekrönten Gourmets unter den Busenfreunden. Ich würde einen Eid darauf schwören, daß dies keine Söhnchen waren, die einst von der Mama allzu inbrünstig geschaukelt wurden und ewig am Schnuller genuckelt haben. In den meist mehrgängigen Erotikmenüs erlebte ich vom anregenden Amuse-gueule über das rasante Hauptgericht bis hin zum süß schmelzenden Dessert so manch überwältigendes Erdbeben jenseits der „Dichterskala".

Nachdem meine Freundin endlich wieder einen besonders schwierigen Lover gefunden hatte, den sie – Gott sei Dank erfolglos – zu retten versuchte, wurde besagte „Fruststiege" fortan ihrer eigentlichen Zweckmäßigkeit überlassen.

Was aber die Vorurteile den Dicken gegenüber angeht, sollte ich mich vielleicht einmal selber an der Nase zwicken, denn auch ich bin nicht ganz unvorbelastet.
Wenn ich in langweiligen Nächten zu fantasieren

beginne und mir in Gedanken das geeignete Mannsbild meiner Träume schnitze, dann sieht er aus wie ein Liebesgott: groß, schlank, durchtrainiert, geistreich, nicht übertrieben muskulös und gewinnend auf allen Ebenen. Mir ist bis heute keine mythische Überlieferung bekannt, wonach Liebesgötter ein Doppelkinn, einen Bierbauch oder einen schlaffen Popo gehabt hätten. Leider begegnen mir solch unirdische Exemplare nur alle heiligen Zeiten und wenn, dann sind sie längst in festen Händen. Es soll aber auch schon vorgekommen sein, daß ein paar dieser gottbegnadeten Prinzen sich wieder in einen Frosch zurückverwandelt haben.

Es hat mich stets verwundert, wie wenig offenbar manch überaus korpulente Herren unter solchen Vorurteilen zu leiden haben. Weder ihre massive Optik noch der manchmal labile Charakter oder das hohe, allen Naturgesetzen nach potenzarme Alter wird von einer breiten Schicht gewisser „Damen" als Hürde angesehen, wenn bestimmte Voraussetzungen gegeben sind. Ist der Mann ein Künstler oder ein wohlhabender Prominenter, oder ist er auch nur wohlhabend, so werden sich die schönen Nachtschnepfen mottenhaft um ihn scharen und ihm das Letzte aus der Hose ziehen. Daneben würde ein mittel- und namenloser Apoll als Mauerblümchen eingehen, es sei denn, er

hängt sich eine Elektrogitarre um den Bauch. Oft sind solch unschmucke, vielbegehrte Herren längst mit einer wunderschönen Frau verheiratet, über die sie sich bei den bereitwilligen Weibchen beklagen, weil die Angetraute „das Letzte" mittlerweile lieber in seinem Beinkleid liegen läßt.
Sei's drum, wenn's ihnen gefällt! Lügen verlieren ihre Sündhaftigkeit, sobald sie jemanden glücklich machen.

Indessen schöpfe ich unverhohlen aus der überwiegenden, weniger göttlichen Mehrheit, die zwar keine makellosen, manchmal aber doch recht kleidsame und liebenswerte Perlen ans Ufer der Sehnsüchte spült. Vom Träumen und Schnitzen allein ist nämlich noch keine Frau glücklich geworden.

Liebe ist mollig
(Aus dem Album „Die 9te")

Ich will mich nicht mehr damit quälen,
Kalorien zu zählen,
ich zähle lieber meine schönen Tage.
Bevor ich mich im Frust verliere,
bleib ich lieber die Walküre
und steige einfach nicht mehr auf die Waage.

Ich will nicht verdrießen,
endlich wieder voll genießen,
Verführungen nicht länger widersteh'n.
Etwas Süßes in der Kehle
bringt mir Sonne in die Seele,
dann fühle ich mich manchmal richtig schön.

Liebe ist mollig,
weich und warm,
sie fühlt sich gut an
in deinem Arm.
Wäre sie mager
und spindeldürr,
dann hättest du
nicht halb soviel von ihr.

Oh ihr Modediktatoren,
ich bin viel zu spät geboren,
Rubens hätte an mir seine Freude.
Fühlt ihr euch nicht wie Helden
vor den sinnlichen Gemälden
und der weiblich wohlgeformten Augenweide.

Was wollen Bohnenstangen wissen
von den himmlischen Genüssen,
der Erotik eines üppigen Menüs.
Männer zeigen sich mit Schlanken,
aber heimlich in Gedanken
träumen sie vom runden Paradies.

Liebe ist mollig,
weich und warm,
sie fühlt sich gut an
in deinem Arm.
Wäre sie mager
und spindeldürr,
dann hättest du
nicht halb soviel von ihr.

Die Geißel der Versuchung

Wer sich endlich durchgerungen hat, lust- und gehaltvollen Schlemmereien zu entsagen, wird permanent von Versuchungen und aufdringlichen Verführungsmethoden gepeinigt, die einen bis in den Schlaf verfolgen.

Freilich kann man um die Zuckerbäckerei einen großen Bogen machen um dem Duft auszuweichen, aus dem die Träume sind. Man kann auch mit forderndem Magen gezielt in eine andere Richtung schauen, wenn sich einer an der Würstelbude eine Käsekrainer mit Brot in den Mund tut, und mit einiger Übung kann man sich sogar einreden, daß das Eis nach gar nichts schmeckt, das da jemand auf der Straße schlendernd von der Tüte lutscht. Damit könnte man ja noch fertig werden, aber das ist eben noch nicht alles. Einem konsequent Fastenden wird die „süße Sünde" vehement ins Nervensystem geimpft – von allen Seiten, zu jeder Tages- und Nachtzeit – bis er dem Überangebot an Genüssen erliegt und alles wieder umsonst war.

Wo immer man Zeit zu überbrücken hat, sei es in der U-Bahn, beim Friseur oder in Warteräumen, ist man geneigt, in Illustrierten zu blättern, die

Vorher

fast alle im letzten Drittel ein Schlemmerkapitel aufzeigen, mit hübschen Abbildungen, Rezepten und so bedeutungsvollen Titeln wie: „Was koche ich morgen?", „Kräftig und deftig" oder „Was man mit Kartoffeln alles machen kann". Vor allem in Frauenzeitschriften werden jedoch – um die Leserschaft bei Laune zu halten – auch regelmäßig „Erfolgsdiäten" angepriesen, nach denen Sie garantiert nie wieder zunehmen, sich besonders fit und jung fühlen und beinahe so attraktiv werden könnten, wie die Schöne auf dem Titelblatt. Um der Glaubhaftigkeit Genüge zu tun, zeigen die Redakteure recht eindrucksvolle „Vor- und Nachher"-Fotos von Testpersonen, die sich möglicher-

Nachher

weise nur für das bißchen Publicity und eine neue Garderobe den Arsch abgehungert haben. Auffallend ist, daß auf den amateurhaften, oft miserablen „Vorher"-Ablichtungen die diätwilligen, wohlgenährten Models in spe in meist viel zu engen, schäbigen Freizeitklamotten, mit schlampiger Frisur und einem Ausdruck in ihren Gesichtern posieren, daß man glauben möchte, sie stünden dem Selbstmord nahe.

Die hingegen überaus professionell gestalteten „Nachher"-Fotos, unter denen vermerkt wird, wieviele zig Kilo dank dieser hier beschriebenen Diät abgespeckt wurden, zeigen dieselben, nun durchwegs todschick gekleideten Leute mit Trendfrisuren, perfektem Make-up und strahlendem Lächeln. Manchmal kann ich mich des Verdachtes nicht erwehren, man hätte ihnen sogar die Zähne gerichtet oder die Nase.

Die Werbung tut ihr übriges, die Standhaftigkeit der Figurbewußten zu prüfen. An jeder Plakatwand wird einem die Lust auf Süßes, Pikantes oder Herzhaftes suggeriert. Im Radio übermitteln uns sonore, schwärmende Stimmen, wie sahnigcremig der neue Pudding der Firma Sowieso schmeckt, wie herrlich laut die Kekse mit den vierundfünfzig Zacken knuspern und daß im Spinat jetzt noch mehr Rahm, im Rotkraut noch mehr Apfel und im Joghurt noch mehr Frucht ist. Schon toll, wie uns die Nahrungsmittelindustrie verwöhnt! In Anbetracht ihrer Umsätze ist auch einzusehen, daß sie letztendlich Recht behält mit ihrer unrealistisch anmutenden Werbestrategie, welche nicht nur auf das Lustempfinden, sondern auch auf die Eitelkeit, die Schwächen und die Naivität vieler Menschen zielt.

Haben Sie etwa schon einmal einen Werbespot für einen Schokoriegel mit einer molligen Darstellerin gesehen? Es ist anzunehmen, daß das schöne Model drall wäre wie ein Ballon, wenn es tatsächlich ohne diese Schokolade „nicht leben könnte", wie es im Spot mit süßen Lippen und

schmaler Taille behauptet. Ich vermute sogar, daß
solch atemberaubende Dünndamen die Schokolade wieder ausspucken, wenn die Kamera ab-
schwenkt, weil sie bis zum endgültigen Okay des
Regisseurs ständig ein Stück abbeißen müssen, so
lange, bis der Werbespot im Kasten ist. Zumindest legen sie nachher einen strengen Diättag ein,
weil sie sonst in Zukunft gerade noch Werbung
für Putzmittel machen könnten.

Der leicht zu beeinflussende Konsument aber registriert im Unterbewußtsein, daß Schokolade
schön macht, weil dieses naschende Mädchen
auch schön ist, und er holt sich auf der Stelle eine
Tafel „Edelbitter" aus der Lade.

Das Eis, „das in der Sonne glänzt, wenn man's
auspackt", und „. . . das so herrlich knackt, wenn
man in den Schokomantel beißt", wird von einigen sehr fröhlichen Jugendlichen präsentiert, die
allesamt vor Elan sprühen, schlank wie Elfen sind
und ein Glücksgefühl vermitteln, als hätten sie
soeben in der Lotterie gewonnen.
Der unmündige Konsument kauft sich das Eis am
nächsten Tag im Supermarkt, weil er logischerweise auch jung und glücklich sein will, oder er
hat es längst im Gefrierfach und stellt sich nicht
mehr auf die Waage. Im letzteren Fall hat er ge-

lernt, daß dieses Eis lediglich so lange glücklich macht, bis er es aufgegessen hat.

Eine Antifaltencreme für die Frau ab Vierzig wird von einer auf reifere Dreißig geschminkten, maximal Zwanzigjährigen angepriesen.

Die gutgläubige vierzigjährige Konsumentin sieht in den Spiegel und denkt, daß sie es nötiger hat als die im Fernsehen.

Selbst das Katzengourmetfutter wird in TV- und Kinospots nur von schlanken, makellosen Katzen gefressen. Wo bleiben die Hängebäuche nach Kastrationen und Sterilisationen? Gibt es die mollig gepolsterten Kleintiere nur zu Hause?

Mein schlanker Kater bestimmt als kritischer Konsument immer noch selbst, was „Gourmet" ist und was nicht. Die dicke Lilly aber, meine wunderhübsche, konsumfreundliche Naschkatze, deren Bäuchlein wie ein Pendel hin und her schwabbelt, wenn sie zum Napf läuft, frißt alles, was ihr unter die Zähne kommt – mit oder ohne Petersilie. Sie wäre absolut filmtauglich, weil sie Kameras und Scheinwerfer im Angeruch des Fressens völlig ignorierte. Sie würde mit leisen Obertönen schnurren, Purzelbäume schlagen, kokett in jede gewünschte Richtung schauen und sich so freudig auf dem Boden wälzen, daß es für jeden tiergeprüften Regisseur ein Spaß wäre. Sie würde nicht nur Wurstverpackungen, Trockenfutterschachteln und Einkaufstaschen öffnen, sondern wahrscheinlich sogar einen Safe knacken, wenn was Gutes drinnen wäre.

Jedoch habe ich mir sagen lassen, daß Katzen und Hunde vor Werbespots dieser Art über längere Zeit nichts zu fressen kriegen, damit sie der Hunger selbst vor laufenden Kameras und fremden Menschen zu den Futternäpfen treibt. Und wenn die Position nicht stimmt oder das Licht, dann haben auch die Tiere einen langen, mühseligen Arbeitstag.

Allein deshalb werde ich die Karriere meiner schönen Lilly zu verhindern wissen, schon deshalb, weil sie für solche Spinnereien gar keine Zeit hat.

Man braucht also in Anbetracht all dieser Verführungen schon eine asketische Einstellung und das Rückgrat eines Pferdes, um eine Diät konsequent durchzuziehen. Aber wenn Gott wirklich gewollt hätte, daß ich schlank wäre, dann hätte er mein Genußzentrum ganz anders programmiert.

. . . bis ans Messer

In dubiosen Zeitungsinseraten und gewissen
Diätbüchern liest man es immer wieder: „Schlank
werden ohne Diät" (selbstverständlich mit „Vor-
und Nachher"-Fotos). Das ist natürlich ein aufge-
legter Mumpitz. Wer abnehmen will und seine
Essensmengen und -gewohnheiten nicht reduziert, dem werden seine angereicherten Fettdepots mit akribischer Kontinuität weiterhin die
Konturen verschandeln.
Dennoch gibt es ein paar Möglichkeiten, ohne
Diät abzunehmen, wenn Sie Ihr Geld unbedingt
zum Fenster hinauswerfen wollen und Ihnen Ihre
Gesundheit obendrein egal ist.

Vergessen Sie alles, was Sie über Massagegürtel,
die angeblich Ihre Hüften schmälern können, gehört haben. Mag sein, daß man die Haut damit
etwas straffen kann, weil sie durch die Vibration
besser durchblutet wird, aber ein massives Kalo-
riendelikt macht diese Rüttelei auch nicht unge-
schehen. Das einzige, was durch Geräte dieser Art
schlanker wird, ist Ihre Brieftasche. Hingegen unterstützen fachmännisch durchgeführte Ganzkör-
permassagen jede Diät durch Anregung des Ver-

dauungsapparates, der Durchblutung und des allgemeinen Wohlbefindens.

Mißachten Sie all die noch so vielversprechend angepriesenen Wässerchen, Öle oder Tinkturen, welche Sie in Ihr Badewasser tun sollen, dem Sie nach einigen Anwendungen laut Werbung schlanker wieder entsteigen. Das funktioniert nur, wenn Sie ein paar Tage ohne Nahrung drinnen bleiben.

Sparen Sie sich Schlankheitspillen, -tropfen oder -dragees, wie auch immer sie heißen mögen, was auch immer man Ihnen davon verspricht! Ich habe die meisten dieser sagenhaften „Wunderpülverchen" probiert. Die schwarzen bewirkten absolut nichts, dafür wurde mir von den grünen speiübel, von den roten kriegte ich rasende Kopfschmerzen und Herzflimmern und von den blauen sogar einen besorgniserregenden Anfall. Selbst die homöopathischen Tropfen, die mir mein geschätzter Hausarzt empfahl, bewirkten Kurzatmigkeit und Unbehagen. Eines aber hatten alle Appetitzügler gemeinsam: Sobald die Beschwerden vorüber waren, hätte ich einen Ochsen essen können.

Des weiteren bietet der Markt noch die verschiedensten Diätgetränke mit Schokoladen-, Vanille- oder Erdbeergeschmack, die den Magen mit Quellstoffen füllen und ein vorübergehendes

Sättigungsgefühl bewirken. Genießer aber werden kaum Freude daran haben. Die machen sich überhaupt nichts aus Quellstoffen.

Die Wunderschlankheitspille gibt es nicht, sonst hätte ich sie nämlich schon und würde Ihnen – bei meinem Ehrenwort – auf der Stelle sagen, wie sie heißt. Und wenn Sie wüßten, daß es sie gäbe, dann hätten Sie sie wahrscheinlich auch schon. Nahezu alle, die sich zu dick vorkommen, hätten sie. Wer sich aber diese Pille nicht leisten könnte, würde vielleicht alles mögliche anstellen, um sie zu kriegen. Es gäbe noch mehr Reibereien und Aggressionen, noch mehr Mord und Totschlag – alles wegen dieser blöden Pille. Abgesehen davon, könnten die Menschen schlemmen, was das Zeug hält, und wären dank dieses Pülverchens trotzdem schlank – allesamt und überall. Gott, wie langweilig!

Und ich stünde dumm da mit meinem „gescheiten" Buch und bräuchte mir um die nächste Auflage keine Gedanken mehr zu machen.

Ein Freund riet mir zu einer mehrwöchigen Schlafkur. Wer schläft, hat keinen Hunger, meinte er bedeutungsvoll. Er selbst hätte in jungen Jahren eine Menge auf diese Weise in einem Schweizer Sanatorium abgespeckt. Man werde ganz einfach mit Schlafmitteln vollgepumpt, einmal am Tag

geweckt und eine Stunde herumgeführt, damit
der Kreislauf nicht zusammenbricht. In dieser
Stunde müsse man jede Menge Flüssigkeit zu sich
nehmen, weil sonst die Nieren versagen.
Als ich mit meinem Arzt darüber sprach, meinte
er, ich solle meinen Freund einmal fragen, wieviele Monate oder Jahre er gebraucht hat, um wieder ohne Schlaftabletten schlafen zu können, wo-
mit auch dieses Thema für mich erledigt war.

Wem die chemischen Präparate nicht ausreichen,
dem stehen noch ein paar Möglichkeiten offen,
sich auf blutige Weise zu reduzieren, unglücklich
zu machen oder umzubringen:
Eine erfolgreiche, sehr mollige Sangeskollegin,
die ob ihrer ungebremsten Lebensfreude allseits
geschätzt wird, erzählte vor längerer Zeit in einer
Fernsehdiskussionsrunde, daß es möglich wäre,
sich eine Art Luftballon in den Magen einsetzen
zu lassen, der mittels einer Sonde aufgeblasen
wird. Damit sollte ein permanentes Völlegefühl
erreicht werden. Während die Details erschöp-
fend diskutiert wurden, bediente sie sich der
reichlich belegten Brötchen, die sie mit sichtli-
cher Freude genoß und meinte, ein solcher Eingriff käme für sie nicht in Frage.
Mir wäre ein solcher Ballon in meinem Magen
auch unheimlich, denn abgesehen von diesem

106

schwangeren Gefühl am falschen Platz hätte ich Angst, er würde bei meinem morgendlichen Raucherhusten platzen oder wenn ich meinen Brustkorb mächtig anschwellen lasse, um ein überzeugendes Lied hinauszudonnern. Nicht abzusehen was passiert, wenn man sich in einer teuflischen Nacht einen oder mehrere doppeltgebrannte „Verdauungshelfer" antut. Löst sich der Ballon dann auf? Was sagt die gastritisch angereicherte Magensäure dazu?

Später jedoch ließ sich besagte Kollegin aus gesundheitlich akuten Gründen einen sogenannten „Magenbypass" machen. Die Kapazität ihres Magens sollte durch diesen operativen Eingriff ein für allemal gedrosselt werden. Wie sie mir vor kurzem bestätigte, muß sie sich nun übergeben, sobald sie zu reichlich ißt. Zwar nimmt sie nicht mehr soviel zu, doch an zeitweiligen Diäten kommt sie dennoch nicht vorbei.

Es gibt Menschen, die sich freiwillig ein erhebliches Stück von ihrem Magen haben wegschneiden lassen, damit er nicht mehr soviel aufnehmen kann. Diesen Schritt halte ich für krankhaft neurotisch, und ich bezichtige jeden Chirurgen dieser Welt der Verantwortungslosigkeit, der einem organisch gesunden Menschen zu solch einer Tortur rät. Man muß nicht Medizin studiert haben, um zu wissen, daß ein operativer Eingriff dieser Art nicht ohne Risiko sein kann. Sicher gibt es Grenzfälle, da Übergewicht zur akuten, gesundheitlichen Bedrohung werden kann, doch ein guter Arzt wird sich eine humanere, streng überwachte Methode für seine Patienten einfallen lassen, anstatt ihren Magen zu verstümmeln.

Wer sich an gewissen Problemzonen sein Fett absaugen lassen will, sollte dies gut überdenken, denn auch hierbei hat es schon einige Komplikationen gegeben.
Eine gute Bekannte von mir litt unter ihren etwas zu dick geratenen Oberschenkeln, die selbst nach strengen Diäten ihre Form behielten. Sie entschloß sich zu besagter Methode bei einem renommierten Schönheitschirurgen. Nachdem ihr in einer längeren, unangenehmen Prozedur das Fett vom Popo bis zu den Knien abgesaugt worden war, waren ihre Oberschenkel tatsächlich schlank, doch herzeigen konnte und wollte sie diese nicht. Sie waren übersät mit Rötungen, blauen Flecken und Narben, die nur sehr langsam heilten. In keinem Freibad ließ sie sich blicken und mußte stattdessen ein ganzes Jahr lang feste Stützstrumpfhosen tragen. Das war aber noch nicht das Ende der Misere. Beim Absaugen wurden all ihre Fettzellen an den Oberschenkeln zer-

stört, was bedeutete, daß sich nun jedes angesün-
digte Kilo Fett an den Füßen und Waden sam-
melte, und zwar in derselben unförmigen Konsequenz wie früher an den Oberschenkeln. Da sie
oben herum wegen der zerstörten Fettzellen
schlank blieb, sah dies sehr seltsam aus. Als sie mir
das alles mit Tränen in den Augen erzählte, lag
ihre Operation etwa drei Jahre zurück. Sie geht
heute noch immer nicht ins Freibad oder in die
Sauna, und als sie mir ihre nackten Oberschenkel
zeigte, konnte ich das gut verstehen.

Eine bekannte Wiener Geschäftsfrau wollte sich
vor etlichen Jahren ihre Nase richten lassen. Sie
ist aus der Narkose nicht mehr aufgewacht und
liegt heute noch im Koma.

Dennoch möchte ich genügend gute Haare an
den Chirurgen lassen, die auch im positiven Sinne
Unglaubliches zu leisten vermögen. Denken wir
nur an die Opfer schwerer Unfälle, die ohne pla-
stische Chirurgie ihr Leben lang entstellt wären.
Ich würde mir nur wünschen, daß sie ihre eitlen
„Patienten", die meilenweit von tatsächlichen Ent-
stellungen entfernt sind, besser über die Risiken
einer operativen Korrektur aufklären.

In der Schweiz lernte ich eine junge Frau kennen,
die so dünn war, daß ihre Rippen durch die Haut

schimmerten. Das Gesicht dieser Frau war so eingefallen, daß man ihre Zähne mit etwas Mühe auch bei geschlossenem Mund hätte zählen können. Sie erzählte mir, daß sie einmal sehr, sehr dick war, und zeigte mir Fotos, die dies bestätigten. Sie litt wie fast alle Dicken unter ihrem Übergewicht und unterzog sich mit permanenter Erfolglosigkeit allen möglichen Diäten. Auslöser für ihr Drama war ein wunderschönes, weißes Sommerkleid in der Auslage einer Boutique, das es nur in Größe achtunddreißig gab. Sie kaufte es, weil so ein berückend schönes Kleid schon immer ihr Traum gewesen war, und schwor allen Freunden und Bekannten, daß sie es spätestens im folgenden Sommer tragen werde. Fortan steckte sie sich nach jedem Essen den Finger in den Mund, um alles wieder zu erbrechen. Das weiße Kleid hätte ihr im folgenden Sommer durchaus gepaßt, doch sie konnte es nicht anziehen, weil sie in der Intensivstation lag, wo man ihr die Nahrung intravenös zuführte. Sie war magersüchtig geworden, konnte nichts, was sie aß, behalten. Die Ärzte rangen wochenlang um ihr Leben. Als man sie entließ, wurde ihr Leben weiterhin von Ärzten bestimmt, und sie mußte sich langwierigen Therapien unterziehen. Als ich sie in jenem Schweizer Gartenrestaurant kennenlernte, trug sie ebenfalls ein weißes Kleid, romantisch fließend und weit ausge-

schnitten, sodaß man ihr knochiges Dekolleté sehen konnte. Sie hat mir ihre Geschichte nur erzählt, weil ich nach dem Essen wegen meiner oben herum zwickenden Hose so herumjammerte. Sie selbst hatte kaum was angerührt, denn sie war noch nicht geheilt, wie sie mir traurig lächelnd sagte, und es schien mir, als hätte sie sich aufgegeben.
Jedenfalls habe ich über meine zwickende Hose des weiteren kein Wort mehr verloren.

Diese bedauernswerten Beispiele sind keineswegs meiner Fantasie entsprungen, auch wenn ich es den Betroffenen wünschte. Abgesehen davon, daß ich mir mit diesem Kapitel wahrscheinlich den Groll einiger Pharmaindustriemanager und Schönheitschirurgen zuziehen werde, wäre es schon eine schöne Sache für mich, wenn ich damit zumindest in einigen Köpfen meiner vielleicht etwas korpulenteren Leser bewirken könnte, daß sie sich selbst endlich mit kleineren, aber auch mit größeren Schönheitsfehlern akzeptieren. Äußerlich Makellose mögen sich glücklich schätzen, aber sie waren mir immer auch ein wenig unheimlich. Wenn Ihre Hüften ein wenig zu breit sind oder Ihr Busen ein wenig zu groß – was soll's? Schauen Sie sich doch einmal um! Da sind eine ganze Menge Menschen mit zu breiten Hüften und zu großem Busen. Wenn Sie nicht immer mit dem Finger draufzeigen, wird es wahrscheinlich gar keiner bemerken. Und Ihr Doppelkinn wird vergessen sein, wenn Sie lachen – ich meine, aus vollem Herzen lachen, ich meine jenes Lachen, das ansteckend wirkt, weil es echt ist und sympathisch. Das können Sie aber nur, wenn Sie sich selbst akzeptieren, wenn Sie endlich wieder lernen, sich zu lieben – so wie Sie sind.

Tun Sie es! Auf die anderen ist sowieso kein Verlaß.

„Schwere" Karriere

Zugegeben! Dieses Thema weist noch eine solche Unmenge an Ungerechtigkeiten auf, daß einem die Haare zu Berge stehen. In vielen Berufen bleibt den Korpulenten die „obere Etage" oder manchmal sogar der Einstieg verwehrt, weil sie dem äußerlichen Idealbild nicht entsprechen. Das sagt man ihnen jedoch selten so direkt ins Gesicht, weil es einfach nicht den guten Sitten entspricht, jemanden abzulehnen, nur weil er dick ist. Viele von Ihnen werden die Ausreden ja alle schon kennen: „Wir haben die Stelle schon anderwärtig vergeben", „. . . gesundheitliches Risiko", „Wir brauchen jemanden, der diese Firma auch optisch repräsentieren kann" oder die übliche Floskel: „Wir rufen Sie an!" Und das alles, bevor nach den Qualifikationen und Referenzen gefragt wurde, bevor man sich für Sie als Mensch zu interessieren geruhte. Es soll auch schon vorgekommen sein, daß man in gewissen Firmen langjährigen Mitarbeitern, die im Laufe der Zeit mehr oder weniger zugenommen haben, eine Diät mit ziemlich unverblümten Ausreden nahegelegt hat, die nicht selten die Androhung einer Kündigung durchblicken ließ.

Bei Stewardessen etwa sind die optischen Anforderungen verwunderlich hoch geschraubt. Warum eigentlich? Sie sind nichts anderes als Serviererinnen in der Luft, die ein paar Sprachen beherrschen, ein sicheres Stehvermögen, Einfühlsamkeit und keine Angst vorm Fliegen haben sollten. Warum sollte sich der Passagier da oben nicht von einer hübschen Molligen bedienen lassen wollen, die vielleicht mehr Warmherzigkeit ausstrahlt als ein spindeldürrer Wolkenengel? Solange sie mit dem Plastikgeschirr durch den schmalen Gang kommt und im Sitz nicht stekkenbleibt, sehe ich keinen Grund, warum sie dem Bodenpersonal zugeordnet werden soll, bei dem die Obrigkeit ja auch noch ziemlich heikel ist wegen der Hüften und so.

Was die Flugzeugsitze und dazugehörigen Klapptischchen anlangt, gäbe das ein eigenes Kapitel. Selbst schlanke Fluggäste tun sich schwer, in einer vollen Maschine ohne Ellenbogentechnik zu essen. Für dickere Menschen ist das manchmal fast unmöglich, wobei einem die Peinlichkeit an sich ohnehin den Appetit verdirbt. Eines Tages werden sie uns noch übereinanderstülpen und nicht nur das Gewicht der Koffer, sondern auch das der Fluggäste kontrollieren, um die Maschine rechnerisch auslasten zu können.

Dicke wissen freilich selbst, daß sie als Mannequin keine Konfektionsgröße achtunddreißig vorführen können, aber einigen wenigen Modezaren ist, wie schon erwähnt, endlich ein Licht aufgegangen, daß man mit Übergrößenkollektionen ein gutes Geschäft machen kann, und beschäftigen daher auch entsprechende Modelle. Ich lasse mich in einer Übergrößenboutique lieber von einer molligen Verkäuferin bedienen, weil sie wahrscheinlich besser weiß, was wir üppigen Mädels brauchen, was uns gefällt und was uns steht. Vor allem gafft sie nicht so arrogant, wenn ich mich aus Mangel an Erfahrung mit einem Büstenhalter abmühe. Umgekehrt kann aber eine mollige Verkäuferin durchaus in einer normalen Boutique überzeugend verkaufen, sofern sie es ordentlich gelernt hat. Sie wird vielleicht wehmütig auf das Fähnchen an einer zarten Figur schauen und ein wenig zu träumen beginnen, aber sie wird, falls man ihr nicht auf die Füße steigt, sehr wahrscheinlich mit der gleichen Einfühlsamkeit bedienen wie eine schlanke Verkäuferin.

Selbst ein Fitneßstudio könnte ein dicker Mensch durchaus mit Erfolg leiten, weil er selbstgefällige Machos und eitle Aphroditen schon aufgrund seiner Erscheinung dazu bewegen kann, fleißig und in konsequenter Knochenarbeit die teuren Geräte zu attackieren. Schließlich dokumentiert er überzeugend, wie schnell doch die schlanke Grazie futsch sein kann.

Ein Arbeitsplatz, bei dem jedes Speckreifchen in die Waagschale geworfen wird, ist nicht nur unattraktiv, er nötigt einen auch permanent dazu, zu beweisen was man kann und sich möglichst unersetzbar zu machen. Daran aber müssen sich Frauen leider heute noch gewöhnen, selbst wenn sie gertenschlank sind, weil der Gesetzgeber für die Arbeitsleistung der Männer in bestimmten Berufen hierzulande aus unerfindlichen Gründen eine höhere Kollektiventlohnung vorsieht.
In jedem Fall aber gilt: Möglich ist alles, wenn man es wirklich will. Wer sich seine Berufung selbst unter harten Bedingungen erfüllen möchte, wird auch gut sein in diesem Beruf, auch wenn er über das übliche Körpervolumen hinausdrängt. Möge er sich aber zuerst gut vorbereiten, abhärten, eine dicke Haut aneignen und sich einer guten Ellenbogentechnik befleißigen. Mit der Hoffnung oder mit Hilfe glücklicher Zufälle ist selten jemand berühmt geworden. Boxen ist legitim. Mit Wissen und Charme allein geht heute fast gar nichts mehr.

Wer meine Gesangskarriere verfolgt hat, wird sich anfangs wohl über meine Erscheinung gewundert haben, aber der Mensch gewöhnt sich an vieles. Und als mein Bauch und mein mächtiger Hintern nicht mehr so interessant waren, hat das Publikum auch meine Stimme bemerkt und eine gewisse Aussagekraft. Es hat nur ein bißchen gedauert.

Vor meinem ersten Vorstellungstermin in der Plattenfirma wollte ich in Anbetracht dieser Chance möglichst zwanzig Kilo in zwei Wochen loswerden, aber außer Schweißausbrüchen hat sich kaum was von meinem Körper gelöst. Schließlich hatte man mich auch in den Bands, mit denen ich zuvor herumgetingelt bin, mit meinen Keyboardinstrumenten schon lieber hinten irgendwo hingestellt als vorne an die Front. Wenn auch meine lieben Exkollegen gegen meinen Gesang nichts einzuwenden hatten, so bemühte sich beispielsweise ein langer, schlaksiger Gitarrist auf Werbefotos jedesmal, mich wenigstens zur Hälfte abzudecken, was ihm nie wirklich gelang. Das Klischeebild einer Sängerin sieht anders aus, dachte ich. Die werden mich sehen und sagen: „Wir rufen Sie an!" Aber schließlich erinnerte ich mich daran, daß es beispielsweise im klassischen Bereich eine berühmte Maria Callas gegeben hatte, die nicht nur stimmgewaltig, sondern einige Zeit auch noch mollig gewesen war, und daß eine erfolg- und umfangreiche Primadonna namens Jessye Norman sensible Ohren zu beglücken ver-

117

steht, der man auch ob ihrer körperlichen „Größe"
kaum Vorschriften wird machen können. Sogar in
der Popbranche gab und gibt es einige Damen
und Herren in Größe X-Large.

Also nahm ich die Herausforderung an und fuhr
frohen Mutes in die Metropole. Was mir Sorgen
machte, waren in der Hauptsache die auf einem
billigen Kassettenrecorder aufgenommenen De-
mos mit verstimmtem Klavier und rauher Stimme.
„Steh grod und ziag dein Bauch ein!" hatte ich ins
Mikrophon geplärrt und „Die Nächste bin ich!"
Den Firmenpräsidenten hat das ziemlich beein-
druckt, auch wenn ich es gar nicht glauben konnte und an Atemnot litt, weil ich ständig den Bauch
einzog. Als er mir mein Feuerzeug aus der Hand
nahm, um mir meine Zigarette anzuzünden, war
mir das schrecklich peinlich, weil ich so sehr an
den Händen schwitzte, daß das Feuerzeug
klatschnaß war. Er lächelte nur und meinte, er
wisse noch nicht genau, wo er mich zuordnen
solle, aber er wolle mir einen Vertrag für eine
Langspielplatte anbieten.

Ich hatte die Freudenbotschaft noch gar nicht
richtig registriert, als ich – im Innersten immer
noch ängstlich – mit unverhaltener Resonanz los-
donnerte:

„Ich lasse mich aber auf keinen Fall in irgendeine
Schublade pressen! – Versuchen können Sie es ja!"

Er hat sich gehütet. Die kesse Lippe, die ich damals riskierte, war wahrscheinlich ausschlaggebend für das Zustandekommen des Vertrages. Man suchte kreative Persönlichkeiten, die wußten, was sie wollten, und die was zu sagen hatten. An naiven Schlagermädchen im Goldröckchen, die sangen, was ihnen gewisse Autoren an blauem Himmel vorlegten, hatte man offenbar das Interesse verloren. Ab sofort zog ich den Bauch nicht mehr ein, was nicht bedeutete, daß ich jeglicher Diät abschwor. Auch waren da einige Leute um mich, die mir mein bis dato eher bescheidenes Selbstwertgefühl stärkten und mir glaubhaft versicherten, daß da viel mehr in mir stecke als Speckreserven.

Fortan arbeitete ich sehr intensiv und hielt meine Chance mit Händen und Füßen fest. In vielen kleinen Höllen aber hatte ich meine Mutproben zu bestehen: In Diskotheken, wo man mich hautnah anstarrte wegen meiner Leibesfülle, in Interviews, in denen manche Journalisten ziemlich robust mit mir umgingen, und in den Verkaufscharts, in denen ich anfangs nicht vorkam. Aber dann stellte sich nach und nach der Erfolg ein, und mit dem Erfolg wuchsen meine Kraft und mein Selbstbewußtsein.

Heute denke ich manchmal fast ein wenig demütig über das Geheimnis meines langjährigen Erfolges nach. Vielleicht liegt es darin, daß ich mich zwar hin und wieder körperlich, nie aber geistig habe gehen lassen, daß ich mir eine gewisse Zähigkeit und auch meinen Humor bewahrt habe und daß mich gewisse Hürden nie wirklich zu Boden zwingen konnten. Im Gegenteil! Aus jeder Niederlage habe ich letztendlich Energie geschöpft und Mut, etwas Neues zu versuchen. Der Tränen flossen viele, aber sie haben mir Sensibilität und Verwundbarkeit bewahrt, die für einen kreativen Menschen das Salz seiner Aussagen sind. In Summe blieben mir jedoch viel mehr glückliche Stunden als schwere in Erinnerung.

Und wenn ich mit meinem ganzen Gewicht auf der Bühne stehe, mit meinen sorgsam kaschierten Hüften und Oberschenkeln, mit meiner wogenden Oberweite, mit meinen nie wirklich gut sitzenden, weil oft zu engen Hosen und mit meinen flachen, bequemen Bühnenschuhen, dann gibt mir mein Publikum das Gefühl, daß es mir glaubt, was ich singe. Mehr vielleicht, als so manchem schicken, glanzvollen Popstar, der möglicherweise weniger Herausforderungen zu meistern hatte, und mit dem sich der „Normalbürger" nur schwer identifizieren kann. Im Publikum sitzen nämlich sehr viele, die dick sind wie ich. Und das Begreifen dieser Menschen, daß Erfolg nicht von

Äußerlichkeiten abhängt, kann zu einer sinnvollen Selbsttherapie motivieren, in der sie sich sagen: „So was kann ich vielleicht auch schaffen!" – auch wenn das Ziel individuell verschieden ist und jeweils einen anderen Weg vorgibt. Wer an seinen Fähigkeiten arbeitet und sein Glück nicht jedesmal mit Resignation verscheucht, wird immer Möglichkeiten und Wege finden, sich zu verwirklichen. Man muß nur einen Fuß vor den anderen setzen.

Karriere ist möglich, selbst wenn man noch so viele Kilos auf die Waage bringt. Das sichtbare Ende einer Waagenskala ist noch lange nicht das Ende jeder Lebensphilosophie.

Es ruhe der Sport!

„No Sports!" lautete der schlichte Kommentar Sir Winston Churchills auf die Frage nach seinen Gesundheitsprinzipien, und ich kann mich ihm nur aus tiefster Überzeugung anschließen.

Die wenigsten werden sich vorstellen können, daß ich als Kind schlank und gelenkig wie eine Katze war, auf die höchsten Bäume geklettert bin und bei meiner Mutter durch akrobatische Mutproben oft genug beinahe einen Herzstillstand ausgelöst habe. Deswegen hat sie mich in eine Ballettschule geschickt, in der ich mit kindlicher Grazie den perfekten Spagat übte, die „Brücke" schon nach wenigen Versuchen ohne hilfreiche Hand zustande brachte und auf Zehenspitzen tanzen lernte.
Heute sieht man mir das freilich nicht mehr an, und alles, was mir davon geblieben ist, sind ein paar abgegriffene, vergilbte Fotos.

Mir ist natürlich klar, daß eine durchdachte und regelmäßig praktizierte Gymnastik Gelenken, Muskeln und Bindegewebe gerade dann besonders gut tut, wenn man abnimmt. Wer will schon riskieren, daß seine Haut wie ein schlaffer Lappen herunterhängt, wenn ihr plötzlich der pralle Untergrund fehlt? Ich darf von Glück sagen, daß mein Bindegewebe so flexibel ist und sich meinen ständig wechselnden körperlichen Gegebenheiten ohne größere Probleme anpaßt, denn ich habe es mehr mit Feuchtigkeitslotionen verwöhnt als mit gezielter Bewegung. Der gute Wille war ja immer vorhanden, speziell, wenn ich Diät hielt. Da streckte, bog, dehnte und schüttelte ich täglich an die zwanzig Minuten lang keuchend meine Gebeine, hüpfte wie ein Geißbock umher oder verrenkte mich am Boden so schauderhaft, daß meine Katzen sich Sorgen machten. Auch wenn ich auswärts kurte, tat ich fast überall mit, wie schon hinlänglich beschrieben. Nach kurzer Zeit aber zerstreute sich mein guter Wille. Aus zwanzig Minuten wurden zehn, aus zehn wurden fünf und so weiter. Alsbald beschränkte ich meine körperlichen Aktivitäten nur noch auf beschauliche Balkonspaziergänge und zwei, drei Saunagänge in der Woche.

Zwei Freunde schenkten mir zu meinem Geburtstag als liebevolle Anregung ein tolles Fahrrad mit einundzwanzig Gängen, um das mich viele beneideten. Es war nicht irgendein Fahrrad, es war eigens für mich gebaut worden. Das Gestell wurde meiner Körperschwere in großzügiger Abschätzung angepaßt, und der Sitz war mit einem frauenfreundlichen Gel gefüllt, sodaß es nicht gleich zwischen den Beinen schmerzte, da ich ans Radeln noch nicht gewöhnt war. Im Glückwunschbillett vermerkten die beiden, ich solle es nicht als Blumenständer in meiner Wohnung aufstellen, woran ich mich streng hielt. Das Fahrrad steht seit Jahren in seiner vollen Entsprechung in meiner Garage.

Anfangs war ich euphorisch, kaufte mir mehrere Broschüren mit den schönsten und schwierigsten Radrouten, rüstete mein Sportgerät mit einem Gepäckträger, einer Klingel, einem Radständer und einer metallenen Radabsperrung auf, kaufte mir eine radlerfreundliche Hose und eine Gürteltasche, die ich nicht zubrachte, und nötigte alle meine Freundinnen, sie mögen sich sofort auch ein Rad kaufen, damit ich nicht so einsam sei auf meinen ausgedehnten, einspurigen Abenteuerreisen.

Ich besitze dieses schöne Stück nun seit gut zwei Jahren und bin nur ein einziges Mal um den Häuserblock gefahren. In der Hoffnung, ich würde mich so sicher auf einem Fahrrad fühlen wie damals, mit zehn, zwölf Jahren, als ich freihändig oder manchmal auch freibeinig die Gerstenberger Höhe bei Köflach hinuntergesaust bin, machte ich auf dieser kurzen Strecke nicht nur Fahrzeuglenker samt ihren Fahrzeugen unsicher, ich verfehlte nur um Haaresbreite einen Rauhhaardackel, eine junge Frau mit Kinderwagen, ein parkendes Motorrad und einen Straßenkehrer. Als ich beim Linksabbiegen nicht wagte, meine Hand auszustrecken, verhinderte ein Heer von Schutzengeln eine Massenkarambolage.

Meine Freundinnen, welche sich schließlich artig ein Fahrrad gekauft hatten, boten mir an, mit mir auf abseits gelegenen, wenig befahrenen Radwegen zu üben, aber dann war es einmal zu heiß und einmal zu regnerisch, dann war ich wieder zu müde, oder ich hatte keine Zeit, und dann kam nach dem Herbst jedesmal der Winter. Aber im nächsten Frühling mache ich Ernst.

Ein anderer Freund will mir seit etwa zehn Jahren das Laufen einreden. Er schwört darauf, daß man, wenn man's konsequent praktiziert, garantiert nicht zunimmt. Seine Frau hat mir allerdings heimlich gesteckt, daß er mindestens ein- bis zweimal im Jahr eine strenge Hungerkur durchzieht, und das, obwohl er täglich seine fünf Kilometer abkeucht und sich nirgendwo eines Liftes bedient.

Nachdem ich nach einem Fünfzig-Meter-Lauf beinahe die Lunge ausgespuckt habe, werde ich auch noch weitere zehn Jahre ohne die Lauferei auskommen. Ich habe mir jedoch vorgenommen, zukünftig wenigstens zum nächsten Greißler öfter mal zu Fuß zu gehen, weil es sich wegen dieser paar Meter einfach nicht lohnt, jedesmal das Auto aus der Garage zu holen. Zum Treppensteigen werde ich ohnehin einige Male im Jahr gezwungen, weil unser alter Hauslift immer wieder havariert. Lustig ist das nicht, wenn man ganze sechs Stockwerke hatschen muß.

Am Golfen hätte ich vielleicht Freude finden können, aber als ich die feinen Pinkel in den Clubs kennenlernte, die den Sportsgeist mit dem goldenen Golfschläger gefressen haben, dachte ich, daß ich da trotz einer gewissen Popularität hinten und vorn nicht dazupasse.

Beim Tennis wäre die Situation vielleicht etwas entschärft, aber ich kann einfach keinen würdigen Partner finden, der mir die Bälle so genau auf meinen Schläger serviert, daß man ein ordentliches Spiel machen könnte.

Mit allen möglichen Wasserschiern habe ich mein Glück am Wörther See versucht, in Stereo versteht sich, am Ende sogar mit zwei zusammengebundenen Idiotenbrettern. Allein der Gedanke treibt mir noch heute die Schamesröte ins Gesicht. Halb Velden stand an den Ufern und hat sich einen „Karl" draus gemacht. Es fehlte nur noch die Blaskapelle.

Schifahren habe ich längst verlernt, Eis- und Langlaufen kommt, wie der Name schon sagt, von „laufen", Tempelhüpfen und Schnurspringen ist nur was für Kinder, und Drachenfliegen ist mir zu gefährlich. Von Bodybuilding halte ich überhaupt nichts, weil mein Body ohnehin bereits fix und fertig „gebuildet" ist.

Nachdem das Würfelpokern – in dem ich in Dreierreihen und mit Augenzählen durchaus Weltmeisterklasse besitze – in den sportlichen Disziplinen bislang noch nicht aufgenommen wurde, bleibt mir nur noch das Schwimmen, wobei ich für den Hausgebrauch mit dem guten Durchschnitt alleweil mithalten kann. Diese Sportart ist nicht nur gesund, sondern auch gerecht. Bei jeder anderen Bewegungstherapie – außer beim Ringen, Boxen und Catchen – ist der schwere Mensch gegenüber dem leichten aufgrund der planetbedingten Schwerkraft im Nachteil. Da aber Fett leichter ist als Wasser, können die Schlanken den Dicken nichts vormachen, außer, wenn sie heimlich üben.

Wer die schmerzverachtende Selbstdisziplin für den wettbewerbsfähigen Leistungssport aufzubringen vermag, wird sein dazu erforderliches, streng limitiertes Körpergewicht geradezu mühelos halten können, weil diese Art von Willensstärke im Vergleich zum Training ein Klacks sein muß. Meine Bewunderung für diese stählernen Wunschkörper ist auf der einen Seite grenzenlos, wenn sie wie bunte Schneebälle über Pisten und Rennbahnen fliegen, in pfeilschnellen Rennautos Kopf und Kragen riskieren oder in sonst welchen Disziplinen am Rande ihrer Kapazität tollkühn um Medaillen kämpfen. Auf der anderen Seite aber sehe ich Enttäuschung und Tränen in den Augen jener, die gerade Übermenschliches geleistet haben, und wegen ein paar Hundertstelsekunden als Verlierer eingestuft werden. Und wenn sie sich bis zum absehbaren Ende ihrer Sportlerkarriere nicht das Genick gebrochen haben, dann sind sie in den meisten Fällen körperlich und seelisch ausgelaugt. Jene, die erfolgreich waren, werden sich mit ihren Auszeichnungen und finanziellen Rücklagen zu trösten wissen, während die anderen sich sonstwie über Wasser zu halten haben. Nur eines haben sie wahrscheinlich gemeinsam, sie hängen ihren Träumen nach. Keinen Siegerträumen mehr, sondern jenen, die sie in ihren besten Jugendjahren aufgrund ihrer sich selbst auferlegten Anforderungen nie ausleben konnten.

Zu guter Letzt noch ein Tip, den ich von einem Arzt aufgesogen habe, und der all jenen „Barockengerln", die's mit sportlichen Tätigkeiten nicht so haben, höchst erfreulich erscheinen wird:

Man sollte während des Abnehmens zwar Gymnastik betreiben und sich viel in frischer Luft bewegen, jedoch nicht mehr Sport ausüben als sonst auch. Daß Bewegung den Verdauungsapparat und den Kreislauf anregt, weiß man ja. Wer aber meint, er müsse seinen untrainierten, ungelenken Körper im Zuge einer Diät zu sportlichen Hochleistungen zwingen, der wird sich nicht nur seine Gebeine verrenken und deren Bänder und Gelenke beleidigen, er wird sich auch wundern, daß er nicht mehr abnimmt, als wenn er lediglich bei einer gezielten Morgengymnastik mitgemacht hätte. Die übertriebene Plagerei fördert nämlich auch die Muskelbildung, und Muskeln sind schwerer als Fett. Das Gewebe wird zwar fester und straffer, aber sie kriegen möglicherweise auch einen Riesenärmel, der eine Frau nicht unbedingt attraktiver macht. Wer an den sogenannten „Reiterhosen" leidet, wird sie auf solche Art festigen wie ein Denkmal. Die Waage aber wird die Schwere der Muskeln genauso anzeigen wie das, was Sie eigentlich loswerden wollten.

Fazit: Ab in die Hollywoodschaukel!

Die Aufbaudiät

Grundsätzlich versteht man unter einer „Aufbaudiät" den sanften Übergang von der stark reduzierten Diätform bis zur normalen Kost. Eine Art Schonkost also, die den Körper sachte darauf vorbereitet, daß er in Bälde wieder auf normale und menschliche Art versorgt wird. Meine persönliche Interpretation der „Aufbaudiät" schweift allerdings deutlich von der Norm ab, und ich sage es gleich vorweg: Sie ist nicht unbedingt gesund!

Wenn ich eine meiner unzähligen Diäten abbreche, dann tue ich das nicht zaghaft und verstohlen, indem ich etwa einem unaufmerksamen Tischnachbarn einen halben Semmelknödel vom Teller stibitze oder mich hin und wieder aus dem süßen Geheimfach bediene. Ich stehe zu meinen Taten und verabscheute es schon als Teenager, meine verbotenen Zigaretten am Klo zu rauchen. Sind alle meine Reizschwellen bis zur Selbstaufgabe einmal überschritten, gelange ich urplötzlich zu der Auffassung, daß weitere Entbehrungen meiner Seele und somit auch meinem Umfeld schaden könnten. Sodann beende ich die Kur auf der Stelle, und zwar mit Paukenschlag und Blechmusik.

131

Zwar mache ich mich nun nicht elefantenhaft über die gehaltvollen Speisen her, weil ich mich zu benehmen weiß, aber niemand könnte mich in solchen Momenten daran hindern, einen freejazzartigen Lobgesang auf den Erdäpfelstrudel anzustimmen, wenn er so schmeckt, wie er zu schmecken hat, eine Ode an die Tagliatelle aufzusagen oder ein Gebet zum Himmel zu stoßen, es möge mir nie schlechter ergehen. Es sind jene Momente, in denen gute Köche wieder innig von mir geküßt, Ober wieder gehätschelt und alle mir halbwegs sympathischen Menschen gnadenlos umarmt werden. Während dieser Phase ist mein Gemüt sonniger, meine Toleranzgrenze weiter und das Auskommen mit mir einfacher – zumindest eine Zeitlang. Meine Kreativität läßt in solchen Momenten keine Wünsche offen, auch große Philosophen bleiben am Küchentisch von meiner Hochstimmung nicht verschont:
„Ich esse, also bin ich!"

Erst wenn ich all die Kulinaritäten, von denen ich während meiner ganzen Diät geträumt, durchprobiert habe, was schon einige Tage oder Wochen in Anspruch nehmen kann, beginne ich nachzudenken. Meist ist es ja so, daß ich zu Anfang meiner Fastenabsicht der österreichischen Welt via Äther oder Printmedien auf meine bekannt feurige und leidenschaftliche Art kundgetan habe, daß ich diesmal die Sache ernsthaft durchziehen werde, bis ich mein Normalgewicht erreicht hätte, und daß nichts, wirklich gar nichts mich davon abbringen könne. Da ich mich jedoch jedesmal selbst davon abbringe – und ich bin beileibe nicht „nichts" – beginne ich mich, schon wegen der stets wiederkehrenden Situation, langsam, aber intensiv zu blamieren.

Freilich könnte ich jetzt sagen, daß jenes Gewicht, mit dem ich meine Reduktionskur begonnen habe, ja mittlerweile tatsächlich mein „Normalgewicht" ist. Ich könnte auch genauso feurig und leidenschaftlich das Dicksein in den schönsten Farben verherrlichen, wie ich es in Ansätzen während meiner „Aufbaudiäten" mehrmals getan habe. Aber die Bevölkerung hierzulande läßt sich nicht für dumm verkaufen, und mein Publikum schon gar nicht. Mit zwei Philosophien, die einander widersprechen, kann halt keiner was anfangen.

Die Wahrheit ist, daß beide Wahrheiten nur halbe Wahrheiten sind, auch wenn man's noch so ehrlich gemeint hat. Der Kampf um eine gesunde Balance ist deshalb so schwierig, weil die unabschätzbaren Grenzen der Selbstdisziplin und des Lustempfindens leidenschaftlicher Menschen weder in Zahlen noch in Kilogramm zu messen sind.

133

Der eiserne Wille, eine Abmagerungskur durchzuhalten, erfordert genausoviel Leidenschaft, wie deren Abbruch Leiden schafft.

Also muß ich mir eine glaubhafte Ausrede einfallen lassen, möglichst eine, die ich selber vertreten kann, ohne dabei mein Gesicht zu verlieren. Wir Pummeligen sind durch unser ständiges Sichwehrenmüssen und durch ironische Von-oben-bis-unten-Blicke gut genug geschult, scheinheilige, clevere bis geniale Ausreden zu erfinden, auch wenn kein Mensch uns zu einer Rechtfertigung zwingt.

Da ich fast jährlich einmal auf größerer Tournee bin, ergibt sich meine Hauptausrede von selbst. Jeder weiß, auch ohne hinter die Kulissen gesehen zu haben, daß solch eine Ochsentour sehr viel Substanz von den Beteiligten erfordert, daß man erhebliche Entfernungen von einem Auftrittsort zum anderen zurückzulegen hat und manchmal mit wenig Schlaf auskommen muß. Schon bei der Soundprobe werde ich manchmal mit Problemen konfrontiert, und wenn die Stimme durch die Dauerbelastung mehr kratzt als sonst, beginne ich mich zu sorgen. Vor und nach den Konzerten sollte ich in Interviews möglichst was Gescheites sagen und in den Konzerten selbst möglichst alles zeigen und geben, was ich im Kasten habe. Nachher dusche ich, schreibe Autogramme und beantworte viele Fragen. Mittlerweile ist es fast Mitternacht, und ich habe einen Bärenhunger. Da man sich um diese Zeit – vor allem in kleineren Provinzen – schwer tut, eine Lokalität zu finden, die der gesamten Mannschaft eine ordentliche, warme Mahlzeit bietet, haben wir einen eigenen Tourkoch engagiert, der alle kulinarischen Wünsche auf wunderbare Weise befriedigt. Er ist mein geliebter Untergang. Schon bei den Generalproben bedeute ich ihm jedesmal mit todernstem Gesichtsausdruck, daß er für mich spezielle Diätmenüs nach meinen Anweisungen machen müsse. Er nickt und lächelt dann immer in sein Doppelkinn hinein, weil er genau weiß, daß meine Anweisungen spätestens nach dem zweiten Konzert ins Schlemmertum abgleiten. Und weil ich eben die „Chefin" bei solchen Tourneen bin, kriege ich auch alles, was ich bestelle, seien es nun Nudeln, Bratkartoffeln oder Schokoladepalatschinken. Ich stelle mich jedesmal taub, wenn er mir händeringend erklärt, daß es nicht gut sei, sich um Mitternacht den Bauch mit Derartigem vollzuschlagen. Würde ich aber vor meinem Auftritt soviel essen, könnte ich mich auf der Bühne nicht mehr bewegen, also koste ich dann nur ein wenig von allem. Irgendwann aber muß der Mensch doch ordentlich essen, nicht wahr?

135

Und wer so hart arbeiten muß, der braucht auch eine Belohnung – oder vielleicht nicht?

Und . . . und . . . und . . .

Genauso regelmäßig, wie ich auf Tournee gehe, begebe ich mich wochenlang in ein Tonstudio, um eine neue Produktion zu erarbeiten. Da erwartet man Konzentration von mir und Energie – und keine radikale Ernährungsumstellung. Daß wir da ausgerechnet immer in dieses herrliche, italienische Restaurant gehen müssen, weil's so gut ist und so nahe, dafür kann ich nichts. Nur einen Schraubenzieher würden die himmlischen Nudelgerichte ungerührt lassen.

Wie bitte kann also ein normaler Mensch unter diesen Bedingungen eine langfristige Diät durchhalten? Soll ich während meiner psychologischen Schonzeiten meinen haubenwürdigen Tourneekoch entlassen und beim Italiener nur nackerte Schnitzel und Salatblätter kauen? Ich bin ja nicht deppert!

Es gibt natürlich auch andere mehr oder weniger blöde Ausreden, deren sich viele dickere Menschen bedienen, die weder mit Tourneen noch mit Tonstudios aufwarten können. Hier die zehn gängigsten:

„Von einem guten Menschen kann nie genug da sein."

„Ein Mensch ohne Bauch ist ein Krüppel."
„Lieber einen Bauch vom Essen, als einen Buckel vom Arbeiten."
„Besser rund und g'sund, als schlank und krank."
„Der Bauch muß größer sein, weil sonst die Muskeln zu dominant sind."
„Ich esse nichts und nehme trotzdem nicht ab."
„Ich bin nicht zu dick, mein Knochenbau ist nur zu schwer."
„Bei mir ist das Vererbung, es liegt in der Familie."
„Wenn ich für meine Familie koche, kann ich keine Diät halten."
„Mein(e) Mann/Frau liebt mich so, wie ich bin."

Ich ziehe es vor, mich von solchen Sprüchen, die schon einen ziemlich langen Bart haben, zu distanzieren, auch wenn die Nummer vier wegen eines fast gleichnamigen Liedes aus meiner Feder höchstwahrscheinlich auf meinem eigenen Mist gewachsen ist.
Falls Sie damit auch nichts anfangen können, und Ihnen nichts Besseres einfällt, kann ich vielleicht mit einem guten Rat dienen:

Hören Sie auf, sich für Ihren Körper zu entschuldigen!

... und wieder am Anfang

Meine Tournee ist längst vorüber, ins Plattenstudio gehe ich erst im nächsten Sommer, und mein Lebensalltag verläuft hektisch bis ausgeglichen. Es gibt also keine Ausrede mehr, so hemmungslos zu fressen.

Meine Waage, die ich seit längerer Zeit wegen des schlechten Gewissens nicht mehr betreten habe, zeigt mir mit erschütternder Präzision, daß bis zum gefürchteten Rekord meines Lebendgewichtes nur noch ein Kilo fehlt. Dabei hatte ich vor der Tour zehn Kilo abgenommen, um auf der Bühne beweglicher zu sein. Sie sind alle zu mir zurückgekommen.

Der Kleiderschrank ist voll von schicken Übergrößensakkos, die wegen ihrer zeltartigen Ausmaße zum Bügeln bald doppelt soviel Zeit erfordern. Dennoch werden sie langsam zu eng an den Ärmelansätzen, sodaß ich die Hände nicht mehr bequem verschränken kann. Die Leggings haben sich zwar stets mit mir mitgedehnt, aber sie sehen beileibe nicht mehr vorteilhaft an mir aus, abgesehen davon, daß sie kaum noch zu bekommen sind, weil man sie angeblich nicht mehr trägt.

Mein Gang ist schwerfällig geworden, und ich beginne schon nach wenigen Treppen zu keuchen. Überhaupt ermüde ich schnell und spüre wieder häufig diese schmerzhaften Verspannungen im Nackenbereich. Mein Doppelkinn widert mich an, und ich weiche jedem Spiegel aus, benutze ihn nur zur unbedingt notwendigen Kontrolle, wenn ich mich in die Öffentlichkeit begebe, welche ich in letzter Zeit mehr und mehr zu meiden versuche. Jede Anzüglichkeit, jede noch so kumpelhaft gemeinte Bemerkung über mein Äußeres ließe mich im Moment in Tränen ausbrechen. Jeder schlanke, gutaussehende Mensch verkörpert für mich gegenwärtig den Zeigefinger meiner Waage. Ich fühle mich um zehn Jahre gealtert, sorge mich um meine Gesundheit und bin zutiefst deprimiert.

Natürlich weiß ich, daß es sich nur um eine vorübergehende Phase handelt und daß ich meinen Humor und mein Selbstbewußtsein deswegen noch lange nicht verloren habe, aber solche Phasen können sehr lange dauern. Ich kann es mir schon wegen der Erhaltung meines Lebensgeistes nicht leisten, zu warten, bis sie vorüber ist, zu warten, bis ich wieder besser drauf bin und es mir vielleicht eines Tages völlig egal ist, wie ich aussehe.

Die Lebensfreude ist mir heilig, genauso wie mein Ego und die dazugehörige Eitelkeit. Zwar scheint sich mit dieser Aussage die Katze in den Schwanz zu beißen, jedoch erinnere ich mich daran, daß ich auch während meiner Gewichtsreduktion sehr viel Leidenschaft empfunden habe, und daß ich wahrscheinlich mehr „genossen" habe als jetzt, da ich mich wieder einmal sehr üppig ernähre. Das Übermaß ist nicht so reizvoll wie das Maßvolle.

Den Ratschlag, daß man zu essen aufhören solle, wenn's gerade am besten schmeckt, befand ich für abnormal und seine Befürworter für unerotisch. Aber so dumm ist diese Aussage gar nicht, ich würde sie nur ein wenig verändern: Man sollte zu essen aufhören, sobald man wirklich satt ist. Da der Magen angeblich nur etwa zwanzig Minuten aufnahmebereit ist und ihn jede weitere Zufuhr überfordert (mein armer Verbrennungssack!), stellt sich ein Sättigungsgefühl schon sehr bald ein, nur will man es in seiner Lustbereitschaft nicht wahrhaben. Wer noch dazu die Kunst beherrscht, langsam zu essen und die Speisen wirklich zu genießen, wird sich wahrscheinlich auch nicht amputiert fühlen, wenn er bei Einstellung des Sättigungsgefühles Messer und Gabel weglegt. Es ist kaum möglich, daß solche Menschen jemals zuviel Fett ansetzen.

Wer aber gewohnt ist, sein Essen bis zum letzten Nachschlag in rasendem Tempo hinunterzuschlingen, so wie ich es meistens tue, muß eine unglaubliche Beherrschung aufbringen, Bedacht zu üben und sich dieses Schlingen abzugewöhnen. Viele belächeln uns deswegen und können sich nicht vorstellen, daß dies eine regelrechte Plage für uns Vielesser ist, aber an solcherlei Verständnismangel haben wir uns schon einigermaßen gewöhnt.

Hundsgemein wird es erst, wenn man uns mit der „Dritten Welt" kommt, als wären wir Dicken die personifizierte Gewissenlosigkeit. (Schon aus diesem Grunde und weil ich meine humane Geisteshaltung nicht permanent zur Schau stellen möchte, will ich mich der Scheinheiligkeit ent-

142

ziehen, diesem Thema ausgerechnet in diesem Buch ein eigenes Kapitel zu widmen.)

Meine Depression kann ich allein deshalb einem halbwegs intakten Warnsystem zuordnen, weil sie mir jene höchste Alarmstufe signalisiert, die mir Angst macht und mich ernüchtert wie ein innerer, körperlicher Schmerz, der darauf hinweist, daß organisch etwas nicht in Ordnung ist. Mein Körper, dem ich schon weiß Gott wieviel zugemutet habe, wehrt sich unter anderem auch durch ein psychisches Tief, so weiterzumachen wie bisher.

Und weil ich die Niedertracht meiner Fettzellen kenne und ich keinesfalls über meinen höchsten Fettgipfel fliegen möchte, sehe ich mich gezwungen, alle Notbremsen zu ziehen. Bis zum zweiten Jänner des folgenden Jahres kann ich aber nicht mehr warten, auch nicht bis zum nächsten Monatsersten, ja nicht einmal bis zum kommenden Montag. Zuvor aber muß ich mich zumindest soweit selbst beeinflussen, daß ich mit der gleichen Begeisterung an meine nächste Diät gehe, mit der ich die letzte abgebrochen habe. Ich muß jene Leidenschaft wiederfinden, die mich diese Diät auch nach außen hin vertreten und eine geraume Zeit durchhalten läßt. Der Mißerfolg scheint vorprogrammiert, sobald man nur aus purer Verzweiflung und innerem Zwang handelt. Alle Zei-

143

chen sprechen dafür, daß ich diesmal kaum eine Nacht zur Selbstmotivation brauchen werde.

Mir und allen „Ja"-nickenden Neindenkern einzureden, ich würde mit der nächsten Diät garantiert mein Idealgewicht erreichen, habe ich mir vernünftigerweise abgeschminkt. Statt dessen setze ich mir Ziele:
In etwa anderthalb Monaten werde ich dieses Buch veröffentlichen. Bis dahin kann ich gut und gerne um acht bis zehn Kilo leichter sein, werde mich wohler fühlen, hübscher aussehen und mich der Öffentlichkeit ohne Verletzungsangst präsentieren. Weil dann aber erst der Oktober begonnen hat, werde ich bestimmt bis Jahresende durchhalten und möglicherweise fünfzehn bis siebzehn Kilo weniger auf das Parkett treten. Dann wiederum wäre es jammerschade, die Diät abzubrechen, weil ab dem zweiten Jänner ohnehin der Großteil der Bevölkerung fastet. Vielleicht tritt nach einem Jahr der Idealfall ein, und ich habe mich so sehr an die Umstellung meiner Ernährung gewöhnt, daß ich mir nichts mehr aus Grammelknödeln, Erdäpfelstrudel, Marillenkuchen und dergleichen mache.

Könnte es denn sein, daß mir diese eßbaren Juwelen nur deshalb so gut schmecken, weil sie für Diätwillige so streng verboten sind? Würde ich grünen Salatblättern und fettlosen Fleischlappen genauso hinterherschmachten, wenn sie Kalorien- oder Kohlenhydratbomben wären? Vielleicht ist nur die Psyche falsch gepolt.

Ein siebenjähriges Mädchen schrieb vor dem Heiligen Abend folgende Zeilen an das Christkind:
„Liebes Christkind, bitte mach, daß die Vitamine in der Schokolade sind und nicht im Spinat!"

Wie gut ich doch dieses Mädchen verstehen kann! Glaubte ich noch an das Christkind, so hätte ich für die kommenden Weihnachten schon eine ziemlich lange Liste mit genauen Instruktionen parat, wo ich welche Nährwerte gerne ausgetauscht haben möchte. Wenn das alles einträfe, würde ich sofort und freiwillig doppelt soviel Kirchensteuer zahlen und mit meinem Fahrrad nach Mariazell pilgern. Solange mir aber kein ausgewachsener Weihnachtsmann über Nacht alles Überschüssige von meinen Knochen meißelt, wird mir nichts anderes übrigbleiben, als morgen mit der „Heute-Diät" anzufangen.

Muß nur noch meinen Kühlschrank leeressen.

Menüvorschläge zur „Werger-Diät"

Tips fürs Frühstück

Verzichten Sie während der ersten drei Tage Ihrer Diät ganz auf Kohlenhydrate, und essen Sie zum Frühstück weder Brot noch sonstige Getreideprodukte. Statt dessen könnten Sie bis zum Mittagessen Obst nach Belieben (keine Bananen!) zu sich nehmen. Bei dieser Variante ist auch ein Glas frisch gepreßter Fruchtsaft ohne Zuckerbeigabe erlaubt.

Weitere Varianten wären: zwei weiche Eier im Glas (auch hartgekochte) oder gekochter Schinken in beliebiger Menge mit Tomaten und Paprika oder etwas Käse. Im Sommer ist ein künstlich gesüßter Joghurt mit Beeren oder einer kleingeschnittenen Frucht sehr erfrischend. Wenn Ihnen danach ist, können Sie aber auch ein oder mehrere Steaks braten. Dazu empfehle ich während der ersten drei Tage nur Kräuter- oder Früchtetee in beliebiger Menge oder schwarzen, koffeinfreien Kaffee. Süßen Sie nur mit künstlichem Süßstoff. Wenn Sie diese absolute Kohlenhydratverweigerung auf eine Woche ausdehnen, werden Sie entsprechend schneller an Gewicht verlieren.

Ab dem vierten Tag dürfen Sie sich jedoch ein kleines Brot zum Frühstück gönnen, welches Sie mit Butter bestreichen und mit Schnittlauch, Radieschen, Käse, Eiern oder grünem Paprika belegen können. Auch verschiedene Aufstriche machen sich gut, sofern sie keine Stärke enthalten. Eine weitere Variante wären zwei Spiegel- oder Rühreier mit Brot oder – wenn Sie die Eier lieber mit Speck oder Schinken essen möchten – ohne Brot. (Die Verbindung von Eiweiß und Kohlenhydraten soll vermieden werden. Eier gelten z. B. bei der Trennkost als „neutral".)

Mehrkornbrot ist dem Weißbrot wegen seines hochwertigen Gehaltes und seiner stoffwechselfreundlichen Wirkung vorzuziehen. Es wird jedoch kein Unglück geschehen, wenn Sie morgens doch einmal Lust auf eine frische Semmel haben. Von Wurstwaren ist in Verbindung mit Brot abzuraten, und auch Schinken sollte nur „pur" gegessen werden. Wer auf sein Müsli (ohne Beigaben von Schokolade, Nüssen oder Rosinen) nicht verzichten möchte, kann eine kleinere Portion mit Milch anstatt des Brotes essen.
Nun dürfen Sie auch schwarzen Tee oder Bohnenkaffee trinken, wenn Sie nicht übertreiben. Obers zum Blondieren ist erlaubt.

Tips fürs Mittagessen

Für Menschen mit normalem Tagesablauf empfiehlt sich entweder ein eher spätes, reichhaltiges Mittagessen, damit Sie sich am Abend mit einem nicht allzu üppigen Imbiß begnügen, oder stattdessen ein frühes, größeres Abendessen, bei dem Sie jedoch möglichst darauf achten sollten, schwerverdauliche Rohkost lieber auszusparen, weil diese sonst über Nacht vor sich hingärt.

Als Vorspeisen empfehle ich klare Fleisch- oder Gemüsesuppen, aber auch pürierte, mit Obers verfeinerte Gemüsesuppen, jedoch ohne Einbrenn und ohne Kartoffeln, Erbsen oder Linsen. Weiters empfehle ich folgende, auch bestens für den Abendimbiß geeignete

Vorspeisen

Rindercarpaccio: Hauchdünne, rohe Rinderfiletscheiben, fein gewürzt mit Salz, Pfeffer aus der Mühle und etwas kalt gepreßtem Olivenöl. Dazu passen Champignons, eingelegte Steinpilze oder grob gehobelter Parmesan.

Lachscarpaccio: Ebenso hauchdünn geschnittener Lachs, wobei Ihr Geschmack die Auswahl der Sorte bestimmt. Dazu empfiehlt sich eine leichte

Senfsauce oder Oberskren. Falls Sie diese ohne Toast und dergleichen nicht essen mögen, versuchen Sie es mit Blattsalat.

Hummer gekocht oder ausgelöst in Zitronenbutter mit kleiner Salatgarnitur, sofern Sie es nicht lieber wie ich vorziehen, diese Speise wegen der für die Tiere oft sehr qualvollen Transporte zu boykottieren.

Frische Austern mit etwas Tabasco und Zitrone. Auch dazu muß ich nicht unbedingt Brot oder Toast essen.

Mozzarella mit Tomaten, gewürzt mit Salz, Pfeffer, etwas kalt gepreßtem Olivenöl und frischen Basilikumblättern. Diese Vorspeise schmeckt auch ganz vorzüglich, wenn sie in der Mikrowelle kurz überbacken wird.

Saures Rindfleisch schmeckt mir am besten mit Zwiebelringen, etwas Balsamicoessig und Kürbiskernöl. Am besten eignet sich dafür ein gekochter Tafelspitz.

Fleisch- oder Schinkensülzchen, angemacht wie das saure Rindfleisch oder pur.

Vogerlsalat mit knusprig gebratenen Speckwürfeln, sehr variabel auch als Hauptgericht, beispielsweise mit gegrilltem Hähnchenfilet oder in Butter gebratenen Kalbsbriesstückchen.

Hummerkrabbenschwänze auf gedünsteten Lauchringen, eine sehr interessant schmeckende Kombination. Die ausgelösten Meeresfrüchte werden in Knoblauchbutter kurz gebraten und auf den gedünsteten, in etwas flüssiger Butter geschwenkten Lauchringen angerichtet.

Italienische Vorspeisen: Die typischen, in Olivenöl gebratenen Melanzani oder Zucchini, gefüllten Zwiebeln, eingelegten Steinpilze, Oliven und Artischocken oder die kalten Meeresfrüchte erinnern kaum daran, daß man Diät hält. Teigwaren sind freilich tabu.

Miesmuscheln im Weißweinsud oder in Kräuter- oder pikanter Tomatensauce.

Honigmelone mit Rohschinken

Gemüsestäbchen mit Joghurtdip oder, wer's ein bißchen inniger haben möchte, mit Sauerrahm und frischen Kräutern oder mit Mayonnaise.

Hauptgerichte

Sie dürfen Fleisch oder Fisch essen, soviel Sie wollen, doch hüten Sie sich vor den klassischen Beilagen wie: Kartoffeln, Reis, Nudeln und Knödeln in welcher Form auch immer, wenn Ihnen Ihre eigene Form in naher Zukunft lieb sein will. Daß man aber deswegen nicht fantasielos zu essen braucht, beweisen folgende Beispiele:

Lammkoteletts mit Speckfisolen: Das Fleisch mit etwas Salz, Pfeffer, Rosmarin und scharfem Senf würzen und braten. Die gedünsteten Fisolen mit dem scharf angebratenen Hamburgerspeck bündeln.

Reindlrostbraten: Auch Beiried schmeckt auf diese Weise ganz hervorragend. Man brät das mit Salz, Pfeffer und scharfem Senf gewürzte Fleisch mit einer kleingeschnittenen Zwiebel scharf in Öl oder Schmalz an und löscht mit einem Achtelliter Rotwein und einem Schöpfer Rindsuppe. Das Ganze wird solange bei geschlossenem Deckel gedünstet, bis das Fleisch weich geworden ist. Ist die Flüssigkeit fast zur Gänze reduziert, mit Creme fraîche oder Sauerrahm verfeinern. Dazu passen Blattsalate oder Gurkensalat mit Knoblauch, Kümmel, Essig und Öl.

Kalbsbries gebraten: Die Bries (aus der Rose) mehrere Stunden in Milch einlegen und danach trockentupfen. Nachdem das Fleisch enthäutet wurde, salzen, pfeffern und in heißer Butter scharf anbraten. Mit Cognac ablöschen und weitere zehn Minuten ziehen lassen. Den Bratenfond mit etwas

Rahm verfeinern. Dazu schmecken gedünstete Erbsenschoten oder eine Gemüsebeilage Ihrer Wahl.

Gebratene Ente: Das Geflügel trockentupfen, mit Salz, Pfeffer, etwas Ingwer und Rosmarin würzen, eine Orange und einen säuerlichen Apfel schälen, entkernen, würfeln und in den Bauch der Ente geben, der mittels Zahnstocher verschlossen wird. Die Ente im vorgeheizten Backofen zuerst in heißem Öl bräunen lassen, sodann bei mittlerer Hitze zwei bis drei Stunden (je nach Größe) garbraten. Dazu servieren Sie Rotkraut und garnieren das Ganze mit einer Orangenscheibe mit einem Teelöffel künstlich gesüßtem Preiselbeerkompott.

Rindfleisch mit Weißkraut: Dazu eignen sich Tafelspitz, Schulterscherzel oder ein anderes gekochtes Suppenfleisch Ihres Geschmackes. Für das Weißkraut eine kleine, feingehackte Zwiebel in Schmalz oder Öl goldgelb anrösten, das Weißkraut beigeben, mit Salz, Pfeffer und Kümmel würzen, mit Rindsuppe aufgießen und weichdünsten. Das Rindfleisch könnten Sie statt des Weißkrauts auch mit Cremespinat und Ei oder mit Kohlrabigemüse genießen.

Lammtopf à la Werger: Dazu eine kleine Lammkeule auslösen, in Würfeln schneiden, mit Salz, Pfeffer,

Rosmarin, etwas Thymian und Oregano würzen, mit kleingeschnittenen Zwiebeln und Knoblauch in heißem Schmalz scharf anbraten, mit edelsüßem Paprika paprizieren und mit Rindsuppe und Weißwein nach Bedarf aufgießen, Knochen, ein Lorbeerblatt und Pfefferkörner beigeben. Sobald das Fleisch weich geworden ist, geben Sie kleingewürfeltes Wurzelgemüse dazu, eine paar getrocknete Steinpilze, kleingeschnittene Fisolen, eine enthäutete, kleingewürfelte Tomate, Petersilie, Liebstöckl, frisches Basilikum und einen kleinen Schuß Kräuteressig. Die Flüssigkeit weitgehend einkochen lassen, die Knochen herausnehmen, eventuell ein wenig nachwürzen und mit Sauerrahm verfeinern. (Zugegeben, dieses Gericht ist etwas aufwendiger, aber es schmeckt. Kommen Sie bitte nicht in Versuchung, Kartoffeln beizugeben, auch wenn sie gut dazupassen würden.)

Kalbsleber geröstet: Sie brauchen nur eine kleingeschnittene Zwiebel hell anzurösten und die geschnetzelte, mit Pfeffer gewürzte Leber scharf mitrösten, bis sie durch ist. Salzen Sie erst vor dem Servieren, weil die Leber sonst hart wird. Den Bratenfond mit etwas Butter verfeinern und den Saft der Leber beigeben. Dazu Blattsalate.

Überbackener Karfiol: Das frische Gemüse säubern, in kleinere Röschen zerteilen und in Salzwasser kochen. Abseihen, mit zerlassener Butter übergießen, mit Mozzarella oder Raclettescheiben bedecken und im Ofen oder in der Mikrowelle überbacken.

Pilze geröstet mit Ei: Eine kleingeschnittene Zwiebel mit etwas Petersilie anrösten, gesäuberte, kleingeschnittene Pilze (Steinpilze oder Eierschwammerl) beigeben und nicht zu lange mitrösten. Ein geschlagenes Ei daruntermischen und etwas eindicken lassen. Salzen, pfeffern, fertig. Dazu ein Salat Ihrer Wahl.

Forelle mit Kräuterfülle: Den Fisch säubern, trockentupfen, würzen mit feinen Kräutern füllen und in Knoblauchbutter durchbraten. Dazu passen Rahmkarotten oder Lauchgemüse und Blattsalate.

Die angeführten Rezepte habe ich weder mit genauen Mengenangaben noch mit der unter guten Köchen üblichen Professionalität beschrieben, weil jeder nach seinem individuellen Mengenbedarf würzen und kochen soll und weil man die Zubereitungsart meist ohnehin in diversen Kochbüchern nachschlagen kann. (Es ist jedoch nicht notwendig, gewisse Gerichte mit Mehl zu stäuben, wie es dort oft beschrieben steht.) Ich möchte damit lediglich anregen, welche kulinarische Vielfalt und welch reichhaltige Kombinationsmöglichkeiten mit einer Reduktionskost möglich sind. Es gibt außerdem noch sehr viele Variationen mit Steaks, Geflügel, Schnitzeln und Faschiertem. Ihrer Fantasie sind keinerlei Grenzen gesetzt, solange Sie Kohlenhydrate aussparen. (Von Ihren Träumen reden wir ein andermal.)

Die meisten Gemüsesorten und Salate haben zwar auch Kohlenhydrate in Spuren, doch verbrennt unser Körper diese geringen Mengen sehr rasch in Energie und lagert sie nicht in Fettdepots ab. Außerdem brauchen wir ihre Vitamine, Spurenelemente und Ballaststoffe. Hingegen müssen Sie keine Scheu vor Fetträndchen am Fleisch oder Fettaugen in der Suppe haben, sofern Sie diese vertragen. Fett ist absolut frei von Kohlenhydraten und wird nur in Verbindung mit denselben zu einer Bombe. Ihrer Gesundheit zuliebe sollten Sie dennoch nicht damit übertreiben, wie mir mein guter Hausarzt nickend beipflichten würde. Die meisten meiner angeführten Gerichte können Sie auch in Restaurants bestellen, weil sie nicht mehr Mühe machen als mit Mehl gebundene Speisen, paniertes Fleisch oder die üblichen (eigentlich schon langweiligen) Beilagen wie Reis, Nudeln, Knödel oder Pommes frites.

Wenn Sie selbst kochen, so möchte ich Ihnen nahelegen, stets frische, einwandfreie Nahrungsmittel zu verwenden. Bereits beim Einkaufen bin ich sehr heikel und kontrolliere, ob die Beeren am Boden des Körbchens angefault oder ob die äußeren Salatblätter schon welk sind. Wenn ich Gemüse dünste, dann immer nur kurz, um die wertvollen Spurenelemente nicht auszuschwemmen. Den Salat mache ich erst kurz vor dem Servieren an und schwenke ihn nicht in der Marinade tot. Seit dem empörenden Fleischskandal kaufe ich auch kein abgepacktes Fleisch mehr, sondern nehme den kleinen Umweg zu meinem vertrauenswürdigen Metzger gern in Kauf. Jedenfalls lebe ich stets gesünder und bewußter, wenn ich Diät halte, als wenn ich ungebremst esse, was – für alle sichtbar – auch mein Wohlbefinden steigert.

Desserts

Anfangs sind mir nicht viele Nachspeisen eingefallen, aber der Gusto macht erfinderisch, und ich ziehe in Betracht, daß auch Sie unter Ausschluß der verbotenen Nahrungsmittel kreativ werden. Studieren Sie bei fertigen Diätprodukten die Gehaltsangaben, weil sie zwar meist kalorienreduziert sind, manchmal aber zuviel Kohlenhydrate aufweisen. Zu den folgenden Desserts, die allesamt keine große Mühe erfordern, möchte ich anregen, lieber fetthaltigeren Topfen zu verwenden als mageren. Tatsächlich haben auch Sauer-

rahm oder Schlagsahne weniger Kohlenhydrate
als fettarmer Joghurt, wenngleich letzterer leichter und bekömmlicher ist. Wenn Ihnen also nach
was „Lieblichem" ist, dann wählen Sie unter folgenden Naschereien:

Beschwipster Obstsalat: Man zerkleinert frische, reife
Früchte und aromatisiert mit Maraschino, etwas
Kirschwasser oder Grand Marnier.

Erdbeeren mit Schlag: Vollreife, halbierte Erdbeeren
mit einem Schlagrahmhäubchen und frischer
Pfefferminze verzieren. Sie können natürlich
auch je nach Saison Beeren aller Art, Ananasschei-
ben oder andere Früchte verwenden.

Mangocreme: Eine vollreife Frucht pürieren, mit etwas Topfen und Sauerrahm vermischen und mit
gehackter Zitronenmelisse garnieren. Auch hier
bleibt es Ihnen überlassen, die Frucht nach Belieben auszutauschen (z. B. mit Pfirsichen, Marillen,
Erdbeeren oder Kiwi).

Joghurtbecher: Früchte der Saison zerkleinern,
künstlich gesüßten Joghurt unterheben und mit
Waldbeeren verzieren.

Bratapfel: Den Apfel waschen und mit einem Ap-
felausstecher den Strunk entfernen, wobei der Boden nicht durchbohrt werden soll. Künstlich ge-

süßtes Preiselbeerkompott mit Rum und Zimt parfümieren und in die Öffnung füllen. Zirka zwanzig Minuten im Backofen braten und heiß servieren.

Kompott: Wahlweise Äpfel, Birnen, Kirschen, Zwetschken oder andere Früchte mit Wasser, Zimtstange und Gewürznelken aufkochen. Künstlich süßen und nach dem Erkalten servieren.

Erdbeerfrappé: Künstlich gesüßte Erdbeeren und Milch mixen.

Kiwi mit Topfencreme: Auch hier können Sie die Früchte wahlweise austauschen. Künstlich gesüßten Topfen mit geschlagenem Obers vermengen, die Früchte unterheben und mit einer Kiwischeibe garnieren.

Wenn Sie aromatische, vollreife Früchte verwenden, so erübrigt sich das Nachsüßen. Falls Sie Bedenken oder eine Abneigung gegen künstlichen Süßstoff haben, so ist nichts dagegen einzuwenden, statt dessen mit Honig zu süßen, sofern die Menge von einem Teelöffel pro Tag nicht überschritten wird.

Selbstverständlich dürfen Sie auch Käse als Dessert wählen und eine kleine Variation jener Sorten zusammenstellen, die Ihnen am besten schmekken. Weichkäse und „freilaufende Stinker" sind vorzugsweise erlaubt. Es wäre jedoch empfehlenswert, den Käse anstatt der allfälligen Früchtegarnitur mit Oliven, Radieschen oder roten und grünen Paprikastreifen zu schmücken. Wenn Sie allerdings nicht widerstehen können, werden auch ein paar Träubchen Ihrer Diät keinen Abbruch tun – im Gegensatz zu Brot.

Zwischengerichte

Sie werden – sofern Sie die Regeln dieser Reduktionsform einhalten – kaum oder keinen Hunger haben. Wenn doch, so können Sie natürlich ein Stück Grillhähnchen zwischendurch essen, etwas rohen oder gekochten Schinken, ein Stück Obst, ein paar Essiggurken oder einen kleinen Blattsalat. Auch die angeführten Vorspeisen eignen sich als Zwischengerichte. Wenn Sie ein wenig entwässern möchten, empfehle ich einen dünn gehobelten, schwach gesalzenen Rettich, eventuell mit einem Löffel Sauerrahm.

Getränke

Auch wenn ich mich wiederhole, möchte ich nochmals eindringlichst darauf hinweisen, daß man – besonders während einer Diät – drei bis vier Liter alkoholfreie Flüssigkeit pro Tag trinken soll, um Leber und Nieren bei ihrer vermehrten Ausscheidung von Schlacken- und Giftstoffen zu unterstützen. Außerdem läuft man sonst Gefahr auszutrocknen, was einen zähen Blutfluß bewirkt und die Elastizität Ihrer Haut beeinträchtigt.

Unbedenklich ist Mineralwasser oder – solange man es noch genießen kann – Leitungswasser, koffeinfreier Kaffee oder ungesüßter Kräuter- oder Früchtetee.

Wegen der Diät nur in Maßen: mit Wasser verdünnte Gemüse- oder Obstsäfte, „dünner" Eistee (wenn aus schwarzem Tee), Apfelessig mit einem Teelöffel Ahornsirup, Diätlimonaden, Milch, schwarzer Tee und Bohnenkaffee. Bei Bedarf darf man mit künstlichem Süßstoff nachhelfen.

Trockener Weißwein ist – am besten zu einem G'spritzen verdünnt – in Maßen gestattet, wobei auf den Zuckergehalt zu achten ist, der in billigen Verschnittweinen mitunter erschreckend hoch sein kann. Am besten ist man mit einem trockenen Naturwein bedient. Auch der Kopf wird es Ihnen am nächsten Tag danken!

Bei den Biersorten sprechen meine Nährwerttabellen verschiedene Sprachen, daher lasse ich es lieber sein.

Besondere Vorsicht ist vor den handelsüblichen Limonaden geboten, die meist eine gehörige Portion Zucker beinhalten.

Wie Sie sicher festgestellt haben, ist das Angebot aller „Diätspeisen" so reichhaltig, daß Sie sich vielseitig, reichlich und gesund ernähren können, während Sie – sofern Sie sich an meine Empfehlungen halten – abnehmen. Verlieren Sie nicht die Geduld, wenn die Waage nach einiger Zeit einen vorübergehenden Stillstand anzeigt. Der Körper gewöhnt sich bald an die Nahrungsumstellung. Da ihm nicht mehr so viele Kohlenhydrate zugeführt werden, die er in Zucker umwandeln könnte, beginnt er aus reinem Selbsterhaltungstrieb, den Verbrennungsapparat auf Sparflamme zu reduzieren, als wäre eine Hungersnot ausgebrochen. Bleibt man aber konsequent, so wird ihm nichts anderes übrigbleiben, als seine für magere Zeiten deponierten Fettreserven zu verbrennen.

Jetzt lacht mein Hausarzt, weil ich das alles so unakademisch formuliert habe, aber das ist mir wurst.

Bleibt mir nur noch, Ihnen guten Appetit und bestes Gelingen zu wünschen!

Nachschlag

Jubel!! In nur zehn Tagen sind sechs Kilo von mir geschmolzen. So rapide ging's nicht immer, aber ich war auch selten so konsequent. Das gibt mir einen ungeheuren Auftrieb, und ich bin sehr zuversichtlich, daß ich nun meine angestrebten Ziele erreichen werde. Die Verspannungen haben sich gelöst, von Depressionen ist nichts mehr zu spüren. Und weil ich mich so wohl in meiner Haut fühle, werde mich heute abend mit einem Glas edlen Weißwein belohnen. (Meine winzigen, giftgrünen Teufel, die sich endlich wieder bei mir eingefunden haben, lachten soeben schallend und streckten mir drei bis fünf von ihren tollkirschroten Fingerchen entgegen. Damit wollten sie mir weissagen, daß der Abend wahrscheinlich ohne nennenswerten Übergang in die Morgendämmerung fließen wird.)

Mir ist klar, daß dieses Buch nicht ohne Widersprüche ist, denn zum einen möchte ich dicke Menschen motivieren, sich zu akzeptieren und zu lieben, wie sie sind, und zum anderen versuche ich, ihnen das Abnehmen „schmackhaft" zu machen. Wir Molligen leben jedoch ständig im Widerspruch, weil unser Umfeld und ein sehr einge-

163

grenztes Schönheitsideal es uns wahrlich nicht leicht machen, zu unserem Körper zu stehen. Diejenigen, die dieses Idealbild verherrlichen oder es uns gar aufdiktieren wollen, haben selbst meist nur Glück gehabt, weil sie entweder sehr schlechte „Futterverwerter" sind oder weil ihnen jene Begeisterung für das kulinarisch Deftige fehlt, von der wir uns hinreißen lassen.

Woher aber wollen die Zyniker unter ihnen wissen, was es für einen Menschen bedeutet, gegen sein zu hohes Gewicht anzukämpfen? Können sie die oft verzweifelten Anstrengungen nachvollziehen, mit denen wir versuchen, unserer Fettleibigkeit Herr/Frau zu werden? Die meisten von ihnen ziehen unsere Freude über kleine und größere Siege, aber auch unsere Tränen nach wiederholten Niederlagen ins Lächerliche. Es scheint mir zuweilen, als ordneten sie uns einer zweiten Klasse zu, oder aber sie bemitleiden uns, was schlimmer ist als Präpotenz. Es gibt deren viele, die sich so verhalten. Mitunter muß unsereins schon Obacht geben, keine Komplexe davonzutragen.

Oft war es mir lästig, manchmal sogar peinlich, von gewissen Medien immer wieder mit geschmacklosen Beinamen bedacht und ständig über mein Gewicht befragt zu werden, als gäbe es nichts anderes über mich zu berichten. Ich habe ihnen allen verziehen, weil sie sich bestimmt nichts Böses dabei gedacht haben, doch sollten sie bedenken, daß nicht nur Dicke übersensibel reagieren, wenn man ihnen permanent ans „Eingemachte" geht.

Es ist mir ein Anliegen, das allgemeine Klischee vom „gemütlichen Dicken" zu berichtigen, weil es nur sehr selten stimmt. Ein massiger Mensch, der sich schon an zig Diätversuchen aufgerieben hat, von Freunden verhöhnt, von Bekannten gemaßregelt und von der Öffentlichkeit benachteiligt wird, ist nicht gemütlich! Die meisten von ihnen aber haben mit den Jahren gelernt, sich einen Panzer aus gespielter Fröhlichkeit zuzulegen und sich selbst auf die Schaufel zu nehmen, nur damit es die anderen nicht tun. Ein sonniges Gemüt ist allemal gesellschaftsfähiger, als ein Mensch, der offensichtlich Probleme hat. Es mag vielen Leuten sympathisch erscheinen, wenn ein gewichtiger Mensch laut und lustig zu seiner Korpulenz steht, sie möglicherweise auch noch schrill betont — aber genau das will er damit ja erreichen: Sympathie! Für ihn ist das nichts anderes, als eine legitime, manchmal sogar unbewußte Selbstschutzmaßnahme. In Wahrheit nämlich ist niemand, der übermäßig viel körpereigenen Ballast zu schleppen hat, glücklich und mit sich zufrieden, auch wenn er dies noch so eindrucksvoll behauptet.

Auch ich selbst habe diese Art von Selbstschutz oft genug mehr oder weniger überzeugend demonstriert.

Mein Verständnis für Rauschgiftsüchtige, die es aus eigenem Willen nicht mehr schaffen, von der illegalen Droge wegzukommen, ist größer geworden, seitdem ich erkannt habe, wie schwer es ist, sich von der legalen Genußsucht zu befreien. Einigen mag dieser Vergleich Unbehagen einflößen, aber es gibt da sehr wohl Parallelen im gesellschaftlichen Verhalten. So kann auch ein Gesundheitsminister leicht ein öffentliches Rauchverbot daherparlamentieren, wenn er selber nicht nachvollziehen kann, welch paradiesischen Stellenwert die Zigarette für den starken Raucher hat. Daß sie nicht gesund ist, wissen wir auch ohne seinen Zeigefinger.

Wenn ein Übergewichtiger erst einmal damit begonnen hat, Diät zu halten, wird er es wohl sein Leben lang immer wieder tun müssen, auch wenn viele angepriesene Diätformen versprechen, daß man nachher nie wieder zunimmt. Dasselbe von meiner Kur zu behaupten, werde ich mich hüten. Ich gäbe ein miserables Beispiel ab. (Es ist natürlich nicht wirklich meine Diät, weil ich sie nicht erfunden, sondern lediglich kombiniert habe.) Nur eine dauerhafte Ernährungsumstellung, die

166

auf einer gesunden, ausgewogenen Basis beruht, könnte auch ein dauerhaftes Schlankbleiben bewirken. Wenn die Fettzellen erst einmal erfahren haben, daß ihnen bei einer intensiven Diät ihr Hab und Gut verbrannt wird, entwickeln sie sich zu gierigen Bestien, die bei der nächstbesten Schlemmerei doppelt soviel in ihren Depots ablagern, als ihnen zusteht. Und dann beginnt das ganze Debakel wieder von vorn.

Dieses Buch *mußte* ich mir vom Leibe schreiben! Nicht mein künstlerischer Egotrip (den ich zweifellos besitze) hat mich dazu getrieben, auch nicht das Kalkül einer Finanzaufbesserung; vielmehr suchte ich damit eine persönliche Lebenstherapie, die vielleicht auch meiner korpulenteren Leserschaft guttut.
Wenn man an sich etwas ändern möchte, muß man sich auch intensiv mit seiner Psyche befassen, nach den Wurzeln des Übels suchen und sich selbst mit aller gebotenen Ehrlichkeit bis in die verdrängten Bereiche hinterfragen.

Wer sich aber trotz molliger Proportionen wohl und gesund fühlt, wer sich gefällt, wie er ist und es leid ist, sich nur wegen der anderen zu kasteien, der sollte sich den Titel dieses Buches zu Gemüte führen. Lassen Sie sich nicht verunsichern, tragen Sie sich mit Würde und Stolz und bestimmen Sie

167

Ihr kostbares Leben selbst! Es gibt mit großer Wahrscheinlichkeit nur das „Leben *vor* dem Tod", was anderes ist noch nicht erwiesen.

Selbst wenn ich mit meinen Ausführungen nur ein paar wenigen Menschen helfen konnte, Parallelen zu sich selbst zu erkennen, und nicht nur ihre Leibesfülle, sondern vor allem ihr Selbstbewußtsein in den Griff zu bekommen, dann habe ich eine ganze Menge erreicht. Weder Sie noch ich werden dadurch weiser geworden sein, denn wie's geht, wußten Sie doch längst – oder nicht? Was uns Mollige jedoch verbindet, ist vor allem diese herrliche, gottbegnadete Unvernunft.

Stefanie Werger

Bisher erschienene Alben

Die nächste bin i	AMADEO	⊙	500 048
		⊡	821 048
Zerbrechlich	AMADEO	⊙	812 119-1
		⊡	812 119-4
Wendepunkt	AMADEO	⊙	821 225-1
		⊡	821 225-4
Lust auf Liebe	RCA	⊙	71698 NL
		⊡	71698 NK
		◉	71698 ND
Intim	RCA/GIG	⊙	222 135
		⊡	444 135
		◉	660 135
Sehnsucht nach Florenz	RCA/GIG	⊙	222 141
		⊡	444 141
		◉	660 141
. . . lebendig (live)	RCA/GIG	⊙	222 146
		⊡	444 146
		◉	660 146
bzw. (beziehungs weise)	RCA/GIG	⊙	222 151
		⊡	444 151
		◉	660 151
Stille Wasser	RCA/GIG	⊙	222 164
		⊡	444 164
		◉	660 164
Die 9te	X-PRESS	⊙	592 011
		⊡	592 014
		◉	592 012

Das aktuelle Album

Das aktuelle Album auf CD, LP und MC im Handel erhältlich.
Der Titel – keine Anmaßung in Richtung Beethoven, sondern
bloß die Summe der veröffentlichten Studioalben und der
Wunsch, etwas Bleibendes zu schaffen. Zeitkritische Themen,
mit der humoristischen Werger-Handschrift versehen.
Die Musik zwischen Rock, Ballade, Latin, Chanson und
klassischen Elementen.

Arrangiert und produziert von Stefanie Werger
und Günther Radelmacher im Juli 1992 in den
„Rainbow Studios" in München.

Im Vertrieb von BMG Ariola.

Das erste Buch

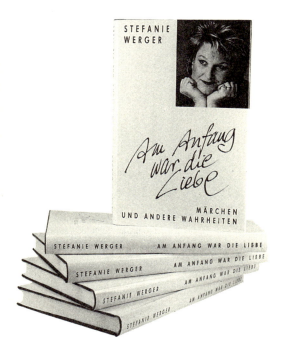

„Am Anfang war die Liebe.
Märchen und andere Wahrheiten"
mit auserwählten Liedtexten, Gedichten und Prosa.
Aber auch viel Persönliches.

Erschienen im Werger Verlag.
Vertrieb: Mohr-Morawa.